新・国債の真実

99%の日本人がわかっていない

髙橋洋一

あさ出版

本書は弊社から2017年に刊行された
『99％の日本人が知らない 国債の真実』に
加筆・修正を加えたものです。

まえがき

国債は国の借金。だから、少なければ少ないほうがいい。
国債は発行されればされるほど、国民の負担が増える。
国はできるだけ「節約」して、予算を減らすべき。

この中に、一つでも「そのとおりだ」と思うものがあっただろうか。
もし、あったならば、あなたは「一国の経済」というものを、間違って理解していることになる。

私のもとに方々から寄せられる経済の疑問や意見は、私から見れば、

「なぜ、こんなロジックになるのか」
「なぜ、こんなトンデモ話にダマされるのか」
「なぜ、こんなトンデモ疑問を持ってしまうのか」

というものが大半だ。前書が発売されてから何年か経つが、それは変わらない。

それがずっと不思議でならなかったのだが、どうも多くの人が「国債」について大きな思い違いをしていることが一因なのではないか、と思い当たった。

「国債」というものを誤解しているから、経済に関するトンデモ疑問、トンデモロジックが飛び出すのに違いない。

国債の真実を理解することが、一国の経済を理解することにつながる。

そんな考えを持ち、私からあさ出版の〝あの〟担当編集者に前書の企画を持ちかけたのが、今から4年ほど前のことになる。

しかし、4年ほどたった今でも、まだまだ国債や経済についてのリテラシーは、そこまで高まっていないのではないかというのが私の本音である。

私はたしかに「借金1000兆円にダマされるな」などといい続けているが、その言葉尻をとらえるだけでは、国債も経済も「本当のところ」を理解したとはいえない。「じゃあ、大丈夫なんだ、よかった」と安心しても、リテラシーは低いまま、すぐにまた世にはびこるウソにダマされるのが関の山だ。

経済は、じつにシンプルな世界だと私は何度もいってきた。

国債もまた、知ってしまえばシンプルな話である。ひとことでいえば、国債は金融市場の「コメ」のようなものであり、国の経済を回すために欠かせないものだ。

なかには「国債なんてよくわからないし、自分とは縁がない」なんて思っている読者もいるかもしれないが、それは違う。国の経済は国民一人ひとりと分かち難くつながっているのだから、国債だって、あなたと決して無関係ではないのだ。

だが、それは、よくいわれる「国が借金を重ねるほど、国民の負担が増える」といった話ではない。この話の何が根本的に間違っているのか、では何が「国債の真実」なのか、本書を読むにつれて、これ以上ないくらい明瞭にわかっていくことだろう。

ちなみに、国債は個人でも買うことができる。国債の真実がわかれば、国債投資に興味をもつ読者も出てくるかもしれない。
そこで本書の最終章では、普段はあまりやらない「投資指南」なるものも試みている。自分で国債を買ってみれば、さらに実感をもって国債や経済を理解することにつながるという考えもある。

私が本を書くときに、つねに意識するのは、読者が本を通じて物事の本質を理解し、さらには自分の頭で考えられるようになることだ。マスコミやエセ知識人の妄言・珍言、財務省の利己的なロジックに惑わされずに、物事を正確にとらえる目。それが、実は最大の武器になるのだ。
「国債の真実」を理解することもまた、そんな武器の一つと考えてもらえれば幸いである。

髙橋洋一

Contents

2章

世にはびこる国債のエセ知識
――その思い込みが危ない

3章

国債から見えてくる日本経済「本当の姿」
――「バカな経済論」に惑わされないために

4章 知っているようで知らない「国債」と「税」の話
——結局、何をどうすれば経済は上向くのか

5章

「国債」がわかれば、「投資」もわかる

——銀行に預けるくらいなら国債を買え

１章

まず「これ」を知らなくては始まらない

――そもそも「国債」って何だろう？

企業は金を借りて運営する、国も同じ

「国債って何？」と聞かれたら、あなたはどう答えるだろうか。

ひとことでいえば、「国の借金」「政府の借金」、そう答える人が大半だろう。

これは間違いではない。ただ問題なのは、「借金」という言葉について回るイメージで、国債を考えてしまうことだ。「借金」というと、どうしても悪いイメージをもってしまう人が多く、「借金だから国債はダメ」と考える人が多いようなのである。

同じ「借金」でも、個人の借金は、ないほうがいい。借金があるのなら、なるべく早く返したほうがいい。当たり前だ。

しかし、政府の借金はそうではない。むしろ**政府の借金は「あったほうがいい」といっても過言ではない**のだ。

その理由はいくつかある。

「国家運営と国債」「金融市場と国債」といったキーワードから連想が働けばすぐにわかるはずだが、おそらくまだピンとこないだろう（連想が働く人は、そもそも「国債は借金だからよくない」なんて考えない）。

まず国債の「基本のキ」から話していこう。

国債を理解するには、**「政府」を「企業」に置き換えて考えてみるとわかりやすい。「個人」ではなく「企業」というところがポイント**である。

世の中には「無借金経営」だと胸を張る企業もあるようだが、先祖代々の莫大な資産でもなければ、自己資金だけで起業などできない。だから、たいていの企業は銀行から金を借りる。起業したあとも、ずっと金を借りるのが普通だ。そのお金で設備投資などをして、商売を広げるためだ。新しい機械を入れたり、自社ビルを建てたりするわけである。

そして、いろんな企業が銀行からお金を借りて商売を広げるほど、取引が多くなる。**要はお金が多くやりとりされ、経済が活性化する。**

ここで**「借金はダメだから、銀行から融資を受けない企業のほうがいい企業だ」と考える人がいたら、その人は企業活動の何たるかをまったく理解していない**ことになる。これでは経営者が、すべて悪人になってしまう。

よくニュースで、「○月～×月の設備投資△％減」「設備投資復調、○月～×月の機械受注○％の大幅増」といった文言を目や耳にするだろう。

これは、景気動向の一つの目安である。

設備投資が減ったのなら、それだけ企業活動の規模が縮小しており、経済が大人しくなっているということだ。

逆に**設備投資が増えたのなら、それだけ企業活動の規模が拡大しており、経済が活性化している**ということだ。いい換えれば、多くの企業が銀行からたくさん融資を受けて、活発に設備投資をしているわけである。

もし、**すべての企業がいっさい借金をしなくなったら、ただただ経済が縮小していく**だけだ。それでいいはずがないだろう。

政府が国債を発行するのは、企業が金を借りるのと基本的には同じだ。

企業は融資を受けて経営をする。
政府は国債を発行して国家運営をする。

それだけの話だ。

「政府の借金」を「個人の借金」と混同して「悪」とすれば、本質を大きく見誤ることになる。

政府は予算を立て、「足りない額の国債」を発行する

政府は国債を発行して国を運営する。
国債は国家運営には必要不可欠なのである。

では政府は、どんなときに国債を発行するのか。当然、**「国家運営のためにお金が必要なとき」**だが、それは**1年の予算が決まったとき**である。

「令和○年度予算成立、赤字国債△兆円発行」といった文言も、よくニュースで目や耳にするだろう。政府の財布には、法人税や所得税、消費税などなど、国民が納める税金が入ってくる。

しかし、税収だけでは予算に足りないことが多々ある。

これが個人だったら、「お財布にあるお金だけで、なんとかやりくりしなくちゃ」

となるが、政府は違う。前項でも説明したように、政府の借金は企業の借金と同じだからだ。**国会の予算委員会で予算が成立し、税収では足りなそうな分を国債を発行して補う、という単純な話**である。

ここで、もし「国債を発行しない」となったら、どうなるか。

——予算を減らすか、すべて税収でまかなうか、このどちらかだ。

予算を減らせば、政府が使う金が減る。あとでも詳しく説明するが、政府が使う金は国内に出回るお金だ。だから、予算が減れば世の中に出回るお金も減る。つまり不景気になる。これが、いわゆる**緊縮財政**である。**政府が「倹約」するということ**だ。

一方、予算は減らさずに、しかも国債も発行しないとなれば、当然、予算をすべてまかなえるくらいに、税収を増やさなくてはならない。これは増税へとつながる。

つまり**「国債は借金だからダメ」というのは、「緊縮財政になって景気が悪くなってもいい」、あるいは「増税されてもいい」といっているのと同じ**なのだ。

では、政府はどんなことに金を使っているのか。予算の内訳を知りたい人は、財務省のホームページを見てみればいい。予算の**「歳出」**（出て行くお金）は、**「社会保障」「公共事業」「防衛」「文教及び科学振興」**などに振り分けられている。

なかには**「国債費」**もある。**過去にしてきた借金の返済や利払いに使うお金**ということだ。

歳出はいうまでもなく、すべて私たち国民の生活に関わることである。

一方、**「歳入」**（入ってくるお金）は、大きく**「税収」**と**「公債金」**に分かれていることが見て取れるだろう。「公債金」は、「国民から納められる税金だけでは足りないから、これだけの額の国債を発行しますよ」ということだ。

ちなみに「公債金」の欄には、ご丁寧に「将来世代の負担」と注釈が入っているが、ひとまず気にしなくていい。

なぜ、気にしなくていいことが記されているかといえば、簡単だ。**「国債は悪」「これだけ国債を発行している日本は財政難」というイメージを植え付け、増税へとつな**

図１

政府の歳出と歳入

（令和３年度一般会計予算の概要）

（単位：億円）

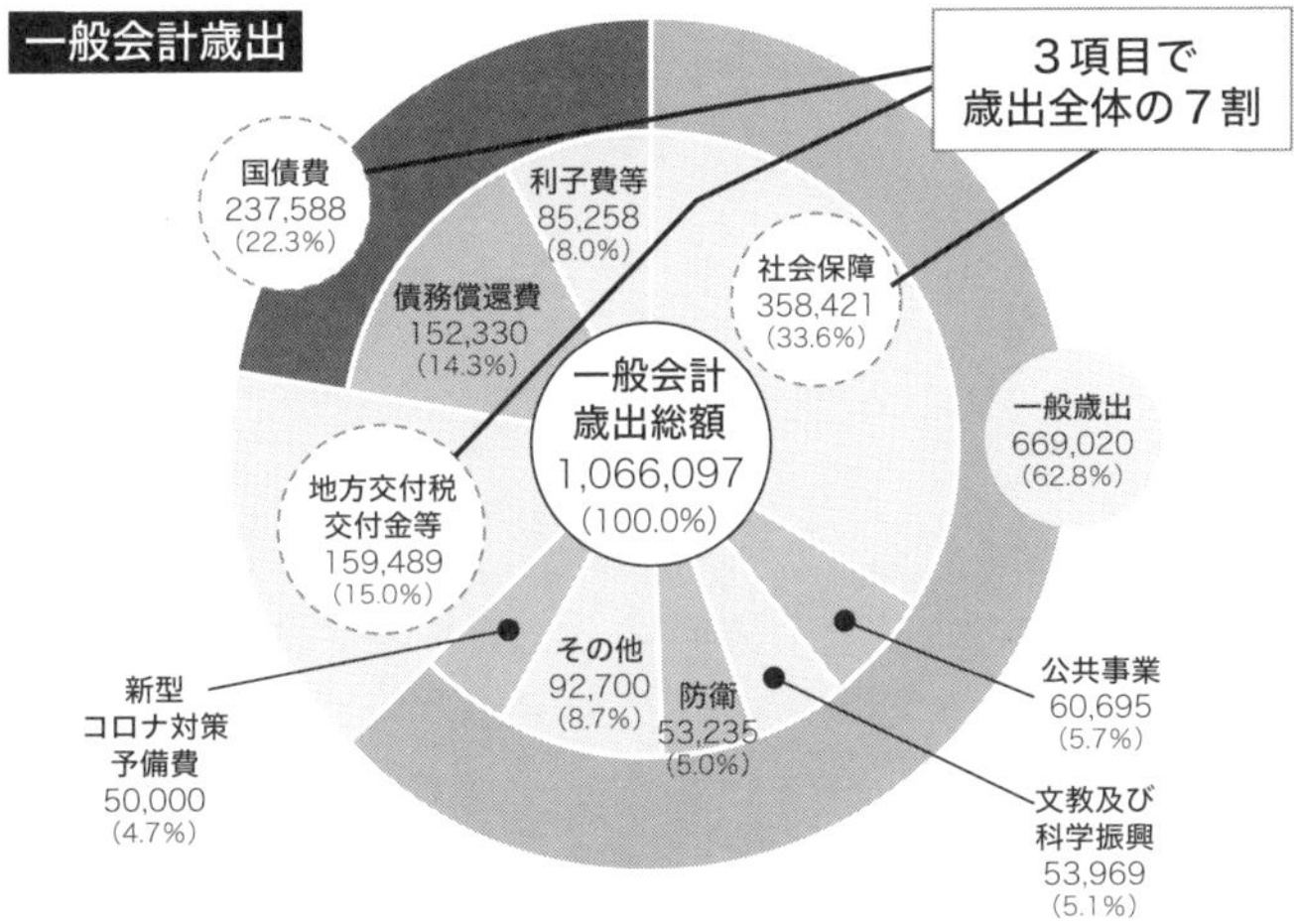

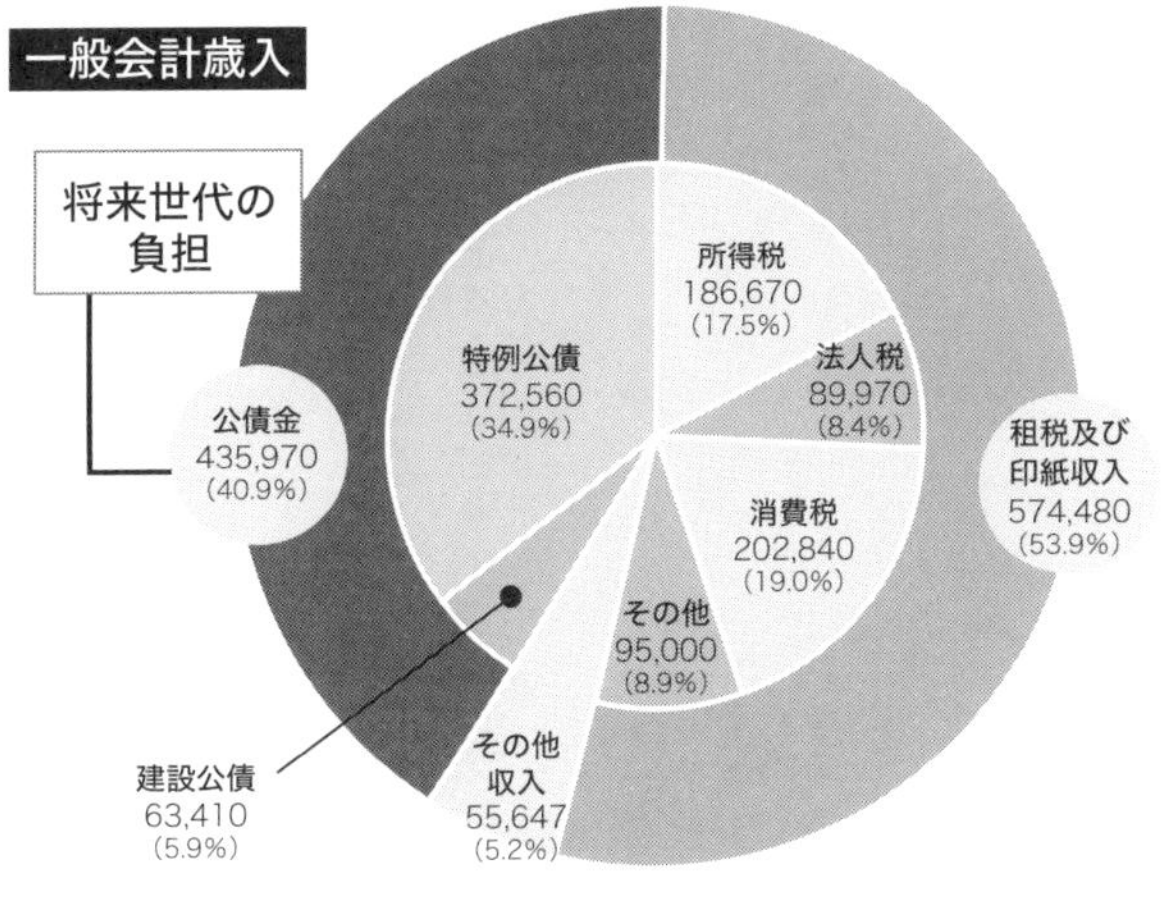

げたい財務省の思惑があるだけだからである。

財政の実態は、また別の表を見なくてはわからない。きちんと理解できると、「将来世代の負担」を過度に気にする必要がないこともわかるのだが、これについては3章で詳しく説明する。

ここでは、**政府がどういうことに金を使っているのか、つまり、何のために国債を発行する必要があるのか、だいたいのイメージをつかんでおくといい**だろう。

国債の売買は「セリ」「オークション」と同じ

政府は予算を立て、そのうち税収でまかなえない分を国債でまかなう。

ここまでは理解できただろう。
では政府が発行した国債は、誰のところに行くのか。
つまり、政府は「誰」から借金をするのか。

基本的には銀行や信用金庫、証券会社など民間の金融機関である。政府は国債を民間金融機関に売り、その代金が予算に使われるという訳だ。予算成立して、仮に50兆円足りないとなれば、財務省は1年をかけて50兆円を調達しなくてはいけない。いっぺんに調達することは不可能だから、毎週国債を売り（＝発行し）、少しずつ調達していくわけだ。

財務省と民間金融機関の間では、国債はつねに「入札」で売買される。

財務省は「こういう国債を、これだけの額、発行しますよ」と、民間金融機関に向けて通達する。それに応えて民間金融機関が、「いくらでこれだけ買います」と入札するのである。この**入札の仕組みは、市場のセリやネットオークションと同じ**といえば、イメージしやすいだろう。

ただし、国債の入札の場合は、商品が一つで多数のバイヤーがいるオークションのように、値付け合戦のようにして値段が釣り上がっていくことはない。**国債の入札は多数の金融機関によって行われるが、入札は一度きりで、その入札額によって買えるかどうかが決定**する。国債の基本単位は「100円」だから、「100円1銭」や「100円5銭」といった非常に小幅な入札額の競争だ。

ちなみに、金融機関同士では、どこがいくらで入札したかはわからない。入札が出揃ったら財務省の担当者は、入札額が高い順に売り先を決めていき発行額に足りたところで切る。それ以下の入札額を出したところは、国債を買えない、ということだ。

国債入札は、民間金融機関と財務省の知恵比べ

せっかくなので、政府と民間金融機関の国債入札の流れを、もう少し具体的に説明しておこう。国債を発行するとき、財務省が民間金融機関に伝えるのは、①**「利率は何％か」**、②**「いくら発行するのか」**、③**「いつ償還される（元本が戻ってくる）のか」**の3点だ。

たとえば政府が1000億円を調達したいときには、財務省は「利率1％の10年債を額面1000億円、発行します」などと通達する。**10年債とは、10年で償還（返済）される国債という意味**だ。

ここからは、民間金融機関の国債担当者の腕の見せどころだ。

国債の基本単位は、先にいったように100円だ。「額面1000億円を100円で

買います」と入札すれば、100億円を支払うことになるが、「額面100億円を90円で買います」と入札すれば、支払う額は90億円となる。

わかりやすいように極端に差をつけたが、これも先にいったように実際の入札額は1銭刻みの違いだ。入札額は、そのときどきの民間金融機関の担当者の判断である。

なぜ、こうした差が出るかといえば、国債の「利回り」に違いが出てくるからだ。国債は借金だから、当然利子がつく。金利が1%で額面100億円を買うなら、100億円×1%だから、毎年1億円の利子収入になる。

利子は額面金額に対してつくから、最初にいくらで買おうと、受け取る利子の額は変わらない。100億円を払って1億円の利子なら、利回りは1%になる。でも90億円を払って1億円の利子なら、利回りは1・1%くらいになる。

つまり、こちらのほうが、貸し手である民間金融機関にとってはおトクなのだ。だから、民間金融機関の担当者は、金利の変動を予想しながら入札額を決める。

今後、金利が下がるだろうと予想すれば、入札額を少し高くする。金利が高いうち

図2　国債の利回り

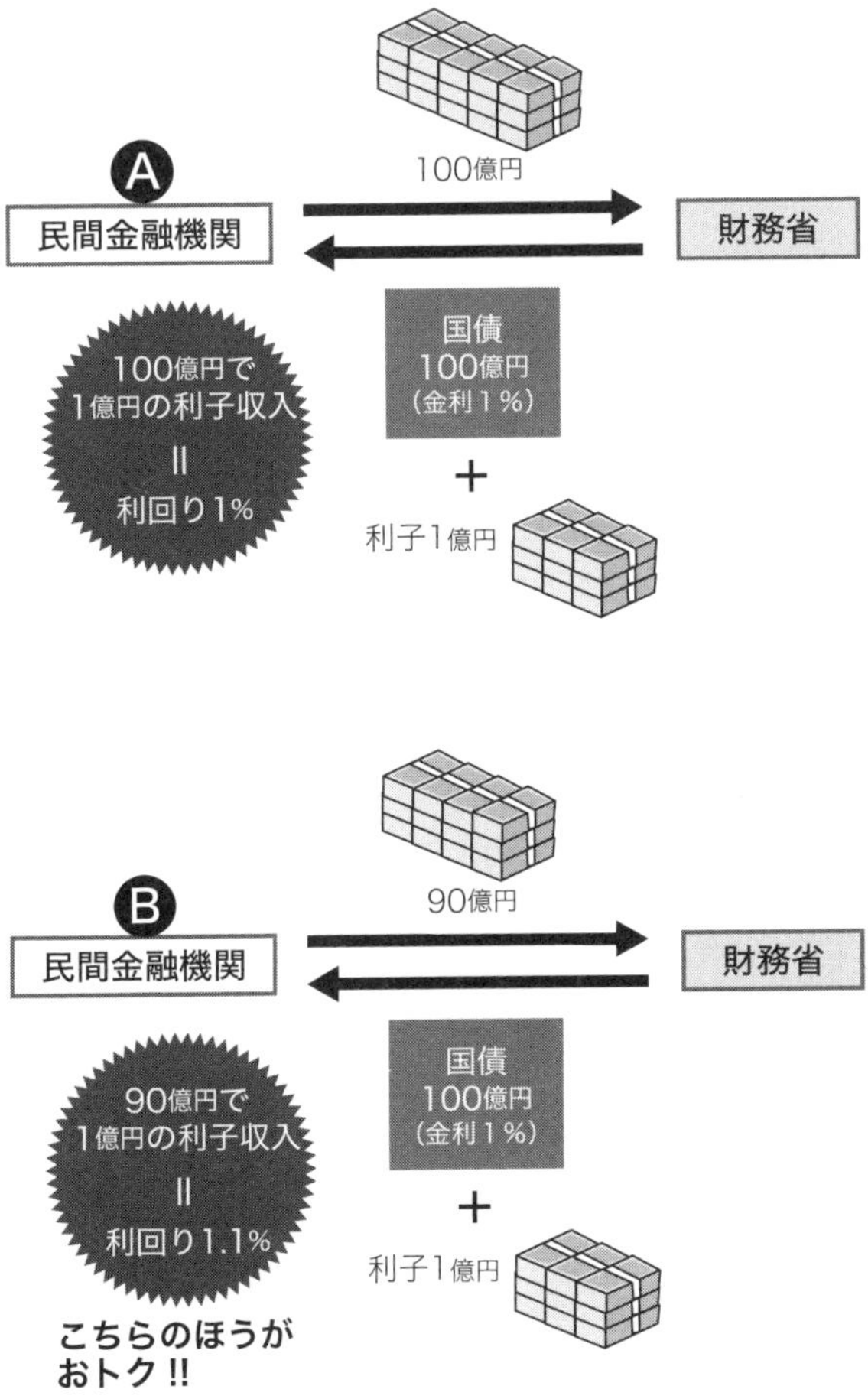
A
民間金融機関
100億円
財務省
国債
100億円
(金利1%)
+
利子1億円
100億円で
1億円の利子収入
=
利回り1%
B
民間金融機関
90億円
財務省
国債
100億円
(金利1%)
+
利子1億円
90億円で
1億円の利子収入
=
利回り1.1%
こちらのほうが
おトク!!

に、確実に国債を買っておくためだ。

逆に金利が上がるだろうと予想すれば、入札額を少し低くする。金利は入札時の金利から動かないから、これから金利が上がるだろうというときには、「今は、より安く買っておいたほうがいい」という判断になるわけだ。

たとえば、今は金利が1％だけど、いずれ2％になると予想したら、額面100億円につく利子は、将来的に2億円になる。だから、今は額面どおり100億円ではなく90億円で買っておいて、できるだけ高い利回りになるようにする、ということである。

ただし、国債発行額には限りがある。あまりに低い入札額では、そもそも国債を買えなくなってしまうから、担当者は慎重に判断を下さなくてはならない。

というのも、**民間金融機関にとって安牌である国債は、「もっておきたい債券」**だからだ。「今回は買えませんでした」という事態は、なるべく避けたいのである（民間金融機関にとって国債がいかに重要であるかは、後でも説明する）。

もっとも、入札は毎週、毎月のようにあるから「次は判断を間違えないようにして、買えるようにします」ということになるのだが。

慎重に判断しなくてはいけないのは、財務省の担当者も同じだ。**売買は、損得が背中合わせだ。買い手の「得」は、そのまま売り手の「損」となる。**

私は大蔵省（現・財務省）にいたころ、国債の売買を担当していたことがある。政府に仕える身としては、政府の最大利益となるよう、ちゃんと計算してそのつど国債を発行していた。

たとえば、短期金利が安いときには短期債を出したほうが、利払いはより少なくなるし、長期金利が安いときには長期債を出したほうが、利払いはより少なくなるというのが基本であるが、実はそう簡単な話ではない。

資産運用を考える場合には、もっているお金をどれくらいの期間で投資すると最大利益になるかと計算する。

これについては、１９９０年にノーベル経済学賞を受賞したマーコビッツ氏による**ポートフォリオ選択論**という立派な理論がある。東大数学科の先輩であり、東大経済学部時代にゼミでお世話になった鈴木雪夫先生が、数学力を生かしてマーコビッツ氏の著作を日本語訳していたために、筆者もポートフォリオ選択理論を勉強していた。

これを逆転させて、お金を借りる側、つまり国債を売る側である政府の利益になるように、計算し直しただけだ。

これが数学のまったくできない担当者となると、そうはいかない。実際、**私が担当になったら、年間1000億円以上の利払い費が浮いてしまった。**

それまでの担当者が、いかに適当に決めていたかがよくわかる事例だろう。

日銀は民間金融機関から買った「国債の代金」としてお金を刷る

「政府が発行した国債は民間金融機関が買う」と聞いて、こんな疑問が浮かんだ人もいるのではないだろうか。

政府の銀行、日銀は何をしているのか、と。

じつは、日銀が直接政府から国債を買うことも、なくはない。これがいわゆる日銀引受けである。マスコミでは禁じ手と識者が語るが、毎年行われている。しかし限定的である。

では**日銀は何をするかというと、民間金融機関がもっている国債を時価で買う**のである。

日銀は知ってのとおり、「お金を刷ることができる唯一の銀行」だ。ただ、必要なつど、単にお金を刷ることはできない。

私たちが何も受け取らずにお金を払うことがないように、**日銀だって、つねに何かを受け取るのと引き換えにお金を刷る。その「何か」が、民間金融機関が政府から買って保有している「国債」**というわけだ。

この売買は、日銀が金融緩和政策の一環として行ない、いわゆる**「買いオペレーション」「量的緩和」**と呼ばれる。

これをすると世の中にお金がより多く出回ることになり、景気回復の糸口となる。

ざっとそのメカニズムを説明しておこう。

日銀が民間金融機関から国債を買うと、その「代金」は民間金融機関が日銀にもっている**「日銀当座預金」**に振り込まれる。

ただ、日銀当座預金に置いたままでは、お金は「ただのお金」だ。

だから、民間金融機関は、お金を、**「利子収入を生むお金」**に変えるために、企業などに積極的に貸そうとする。

すると金利が下がる。より低金利でお金を借りられるとなれば、企業も積極的にお金を借りようとする。

図3　日銀が国債を買うと物価が上がる

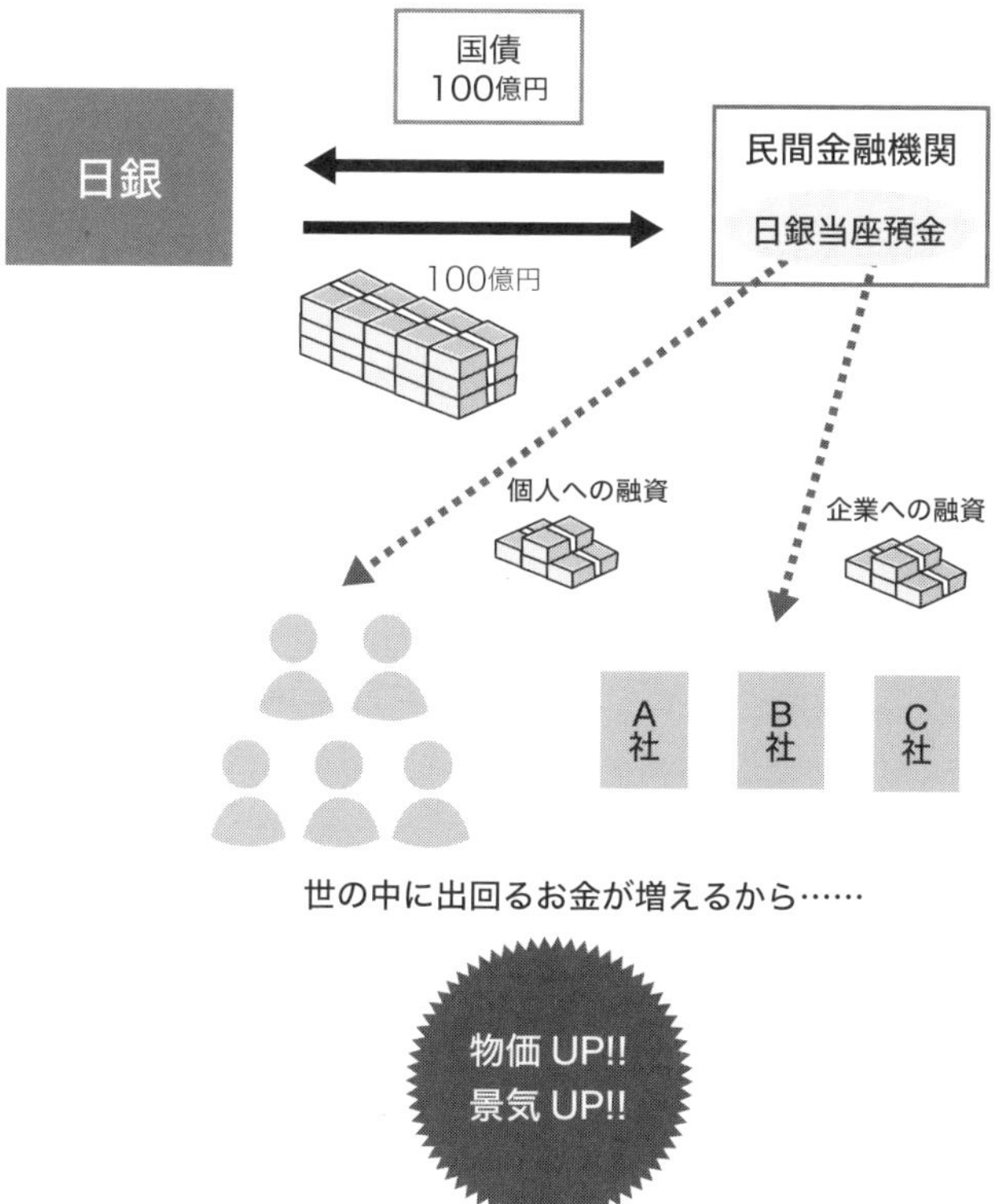

その結果、世の中に出回るお金が増える。

物価は「物の量」と「お金の量」のバランスで決まる。お金がより多く出回れば、以前と比べて相対的にモノよりお金のほうが多くなるから、インフレとなる。デフレ不況のもとでは、これが景気回復につながる。

こうした**「風が吹けば桶屋が儲かる」式の連鎖反応によって、日銀が民間金融機関から国債を買いお金を刷ることで、より多くのお金が世の中に出回る**ことになるのだ。

日銀は「国債で得た利子収入」を政府に上納している

国債は政府の借金であり、借金には当然利子がつく。

政府は国債を買った民間金融機関に、一定の金利で利払いをする。

日銀が民間金融機関から国債を買うと、「貸し手」が変わったことになり、国債の利子は政府から日銀に支払われることになる。


ここで押さえておきたいポイントは、日銀と政府の関係性だ。**日銀には政策の独立性があるが、政府がとる大きな方針に従って金融政策を行なう。**

また、国民が使う通貨を発行したり、国債の入札や発行にかかる手続きをしたりなど、政府の財務処理の「事務方」としての役割もある。

日銀のトップ人事は、国会の同意を得て政府が行なう。予算も政府が握っている。

要するに日銀は、**日本政府の「子会社」**といえるのだ。会計的にも政府が日銀の過半数の出資証券の所有者であり、まさに日本政府の子会社になっている。

これは、どの国の政府と中央銀行の関係においても、まったく同じである。

子会社から親会社には、上納金（出資に対する配当）が収められるものだ。日銀もしかりである。


前項で説明したように、日銀は民間金融機関から買った国債の代金としてお金（日銀券）を刷る。日銀からすれば、国債を買い通貨を発行することで利子収入ができる。

そのため、**日銀が得る国債の利子収入を「通貨発行益」**と呼ぶ。国債の利子収入は、通貨を発行することで生じる利益といえるからだ。

日銀はその通貨発行益を丸々国に納める。これを**「国庫納付金」**と呼ぶ。

政府から見れば、これは税収以外の収入だから**「税外収入」**と呼ぶ。

この話は、国の財政をちゃんと理解するうえでかなり重要だから、ここでしっかり覚えておいてほしい。

図４

日銀の国債利子収入は
そのまま政府の税外収入になる

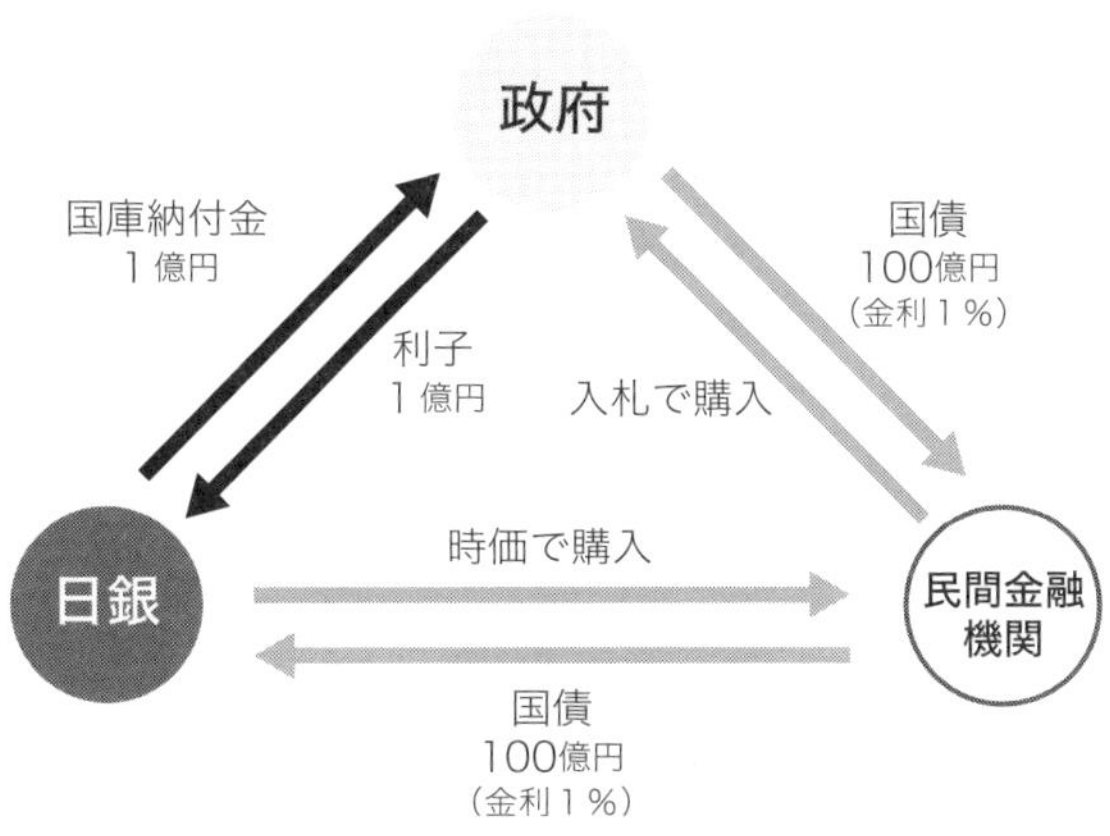

もう一つ、のちのち重要になる知識を、ここで示しておきたい。

利子収入をもたらす国債は、日銀にとっては「資産」である。

一方、**日銀が発行する通貨（日銀券）は、日銀にとっては「負債」**だ。

ピンとこない人が多いだろうから、説明しておこう。

日銀券は、民間金融機関の日銀当座預金と代替できる、つまりイコールだ。

正確にいえば、日銀は国債の代金を日銀当座預金に振り込む。これを、民間金融機関が、個人口座からの現金引き出しや、企業などへの融資の際に引き出し、形のある日銀券（紙幣）として、実際に世の中に出回らせるのだ。

日銀券の価値を保証する義務を負うのは、もちろん日銀である。

ここでちょっとしたマメ知識になるが、もともと日銀券は、金本位制だった時代に、金や銀に交換できる「証文」として発行されたのが始まりだ。

日銀は、つねに日銀券の発行額に見合う金や銀を、保有しておかねばならなかった。

「日銀券の価値」＝「金や銀の価値」だったわけだ。

いい換えれば、日銀は金や銀を国民から預かっているようなもので、**日銀券は、その金や銀への交換を保証する「債務証書」だった**といえる。

今は金本位制ではないから、そのような日銀券の役割は失われている。

ただ、**「価値」を保証するという意味では変わらない。**

つまり**日銀券は、今も日銀が発行する「債務証書」のようなものなのだ。だから、日銀券は日銀の「負債」として計上される**のである。

「負債」というからには、利子がかかりそうなものだが、日銀券には本来利子はつかない。「本来」といったのは、白川日銀総裁時代に、日銀当座預金に0・1％の利子をつけることが常態化してしまい、**日銀券は当然無利子であるが、日銀券と代替する日銀当座預金は、完全無利子の状態ではなくなっている**からだ。

民間企業が民間金融機関にもっている当座預金は、法令で「無利子」と決められている。

それは、終戦後に制定された臨時金利調整法に基づく財務省・金融庁告示によるもので、民間金融機関への国民の当座預金は無利息とされている。

なお、今や金利自由化の時代なので、臨時金利調整法そのものが不要であると私は思うが、民間金融機関の当座預金だけは無利子とするためだけに、この法律が存在しているようだ。

それなのに民間金融機関が日銀に行なう、日銀当座預金には利子がつくというのは、非常におかしな話だ。

２０１６年1月、日銀当座預金の超過準備金（個人の口座からの現金引き出しなどに備えて、日銀当座預金に最低限、入れておかなくてはいけない法定準備預金額を超える金額）の一部にマイナス金利が課せられることになった（マイナス金利付き量的・質的金融緩和）。

超過準備金に対しては、逆に民間金融機関のほうが、利子を払わなくてはいけなくなったのだ。

導入された際に、民間金融機関は大騒ぎしたが、本来、得るべきではない利子を得てきたのだから、私にいわせれば、妥当な政策である。

これまで甘い汁を吸ってきたのだから、少しは還元してもよかろう、という話だ。

しかも、マイナス0・1％の金利になったのは日銀当座預金のごく一部であり、大部分についてはまだ0・1％の金利がついており、ほんの少しだけ還元しただけだ。

こんな背景があるため、奥歯にものがはさまったようないい方になってしまったが、元をただせば**日銀券は無利子の負債**である。

日銀は、国債を買った額だけの日銀券を発行する。今、説明したように**日銀券は無利子だが、国債には利子がつく。**

というわけで、**国債の利子収入は丸々日銀の収入となり、最終的には国庫納付金として政府の税外収入になる**わけだ。

日銀が国債を買うと「円安」になる

政府は国債を発行する。
民間金融機関は政府から入札で国債を買う。
日銀は民間金融機関から国債を買い、その利子収入を政府に納める。

国債を巡るこんな関係性が、すでにはっきりとわかったと思う。

最後に触れておきたいのは、日銀が民間金融機関から国債を買う影響だ。これが、「買いオペレーション」「量的緩和」と呼ばれる金融緩和策であることは、すでに説明した。

国債を買うことで、日銀が民間金融機関に資金を出し、民間金融機関から民間企業などへの融資や投資が活性化するように誘導する。

また、民間金融機関から国債を買うことで利子収入（通貨発行益）が生じ、それを政府に納める（通貨発行益が国庫納付金となる）。

すると政府が使えるお金が増え、公共投資などが増え、結果的に雇用創出となって失業者が減る。

金融緩和策とは、こんなふうにして世の中に出回るお金を増やしてやろう、というものだ。

この日銀による金融緩和策は、為替にも影響する。

結論からいえば、**日銀が国債を買うと「円安」になる**のだ。

はたして読者のなかに、為替がどうやって決まるかをちゃんと説明できる人は、どれくらいいるだろうか。というのも、日本のマスコミが為替について説明する際には、ほとんどが「誰かの発言がきっかけで円安に動いた」程度であり、為替が決まるメカニズムにまで言及することは少ないからだ。

エコノミストが出てきて解説する場合でも、せいぜい日米の金利がこうなったから為替が動いた、などと説明するだけだ。

では**為替が決まるメカニズムは何かというと、「2つの通貨の交換比率」**だ。つまり、**通貨の「量」の比率で決まる**のである。

たとえば、**日本の円がアメリカのドルよりも相対的に多くなると、円の価値が下がり、円安になる。**

非常にざっくりとした印象をもったかもしれないが、これは**国際金融理論においても正当とされる説明**なのだ。

2章

世にはびこる
国債のエセ知識

―― その思い込みが危ない

何の知識もなく語っている人が多すぎる

ざっと国債の概要がわかったところで、さらに踏み込んでいこう。

「国債とは何か」といえば、前章の説明でだいたい話が済んでしまう。勘のいい人なら、前章の内容さえちゃんと理解できれば、世にはびこる暴論、珍論に惑わされることもないだろう。

ところが、不思議なことに「国債とは何か」がわかっていてもなお、おかしなロジックを垂れ流す人たちがいる。

経済は本質がわかれば、じつにシンプルで公明正大な世界だ。国債も同じである。つまるところ、おかしなロジックを並べる人たちは、国債の本質を本当には理解していないか、あるいは何か裏の思惑があるか、そのどちらかなのだろう。

私に批判的な人たちのことだけをいっているのではない。「髙橋洋一はいいことをいう」といっている人たちでさえ、「本当にわかっているのかな」と首をかしげざるをえないことが多々あるのだ。

たとえば、「国債は政府の借金だが、政府は返す必要がない」なんてことをいう人がいる。まったく呆れるしかない、トンデモ論だ。

「借りたものを返す」――これはいうまでもなく、世の中の道理だ。政府も例外ではなく、「借金はきっちり返さなくてはならない」というのは、法律でも定められている。もし、返さないと政府がいったら、それはデフォルト（債務不履行）宣言になってしまって、国債は暴落して国民経済は大変なことになる。

かといって、よく聞く「国債発行額が膨れ上がっているのは、将来世代に負担をかけることだからよくない」というのも見方によっては誤りだ。

国債の本質がわかっていれば、「国債は借金だから全額返す義務があるが、きちんとバランスシートなどで国の財務状況を見れば、現在の国債発行額には何も問題がない」ということがわかる。

ちゃんとした知識もないのに、どうしてわかったようなことをいえるのか。

私には不思議でならないが、そういう人が多いのは紛れもない事実である。

経済の素人のみならず、多くの人が「正しい」と思っているマスコミですら、似たり寄ったりなのだから、余計にたちが悪い。

おかしな論調に流されないためにも、しっかり、リテラシーを磨いておいたほうがいい。

これから、世にはびこるエセ知識の何が間違っているのかも見ながら、さらに国債の知識を深めていこう。

「倹約をよしとする」と「借金は悪」となる

経済学には**「合成の誤謬《ごびゅう》」**という言葉がある。簡単にいえば、**個人レベルで見れば正しいことでも、同じことをみんながやったら困る**、という話だ。

日々倹約して、お財布のなかにあるお金だけで、何とかやりくりしなくてはならない。

これは、個人としては当たり前の感覚だろう。そうでなくては、生活費を借金することになってしまう。それはそれでけっこうなのだが、こういうミクロの話をそのままマクロに当てはめると、たちまち問題が生じる。

私は、よく**「半径1メートルの思考で、世の中全体を見てはいけない」**といっているが、倹約志向にも同じことがいえるのだ。

仮に国民全員が倹約しだしたら、どうなるか。

消費が落ち込み、企業の業績が悪化し、給料が下がり、悪くすると失業してしまう。

経済では、何事も表裏一体だ。自分はお金を使う側であると同時に、受け取る側でもある。

自分も含めて、みんながお金を使わなくなれば、当然、自分が受け取る額も小さくなり、その結果、世の中は不景気となってしまうのだ。


個人レベルで倹約をして、お給料に見合った生活を送ろうとすることは、何も否定しない。家計が毎月赤字で火の車となっては大変だ。私だって、日々、無駄遣いをしないように気をつけている。

ただ、**それと同じ視点で世の中全体を見るのは間違っている**のだ。

「倹約をよしとする」のは、散財を重ねて借金をするといった事態を防ぐためには、必要な感覚だろう。

しかし、それが**行きすぎて「倹約は絶対善」とすると、「借金は絶対悪」となってしまう**。こうなるともう、**借金のすべてを敵視することになり、企業の借金も国の借**

金も全部ダメ、という短絡思考に陥ってしまうのだ。

たとえば、経営難に陥った会社があるとする。負債が何億、何百億にも膨れ上がっていると、そこにばかり目が行き批判しがちだが、**本当の問題は「莫大な借金があること」そのものではない。「借金を返せるだけの資産がなかったこと」**だ。

つまり、**借金に見合うだけの資産がある限り、じつはどれほど借金が積み重なってもかまわない**といっても過言ではない。

単純な倹約思考で断じるのは、間違っているのだ。

そういう意味でいえば、個人レベルでも「借金=絶対悪」とするのはおかしい。

たとえば、連日、豪遊するためにお金を借りていれば、ただただ借金がかさむだけだ。これはもちろん論外だが、一方、お金を借りて家を買ったとしたら、借金の裏側に不動産という資産ができることになる。

実際にローンを組むかどうかは個々の価値観だろう。ただ、こういう借金を否定する人はいないはずだ。

特に企業であれば、借金して設備投資をしなければ会社の発展は望めない。

まったく同様のことが、国債にもいえる。

マスコミも財務省も、なぜか「日本政府は国債をこんなに発行している」「また増えた」と騒いでいるが、これは**企業や個人の借金の額だけを見て騒いでいるようなものだ**。

だが、当然ながら**国には負債もあれば資産もある。国債発行だけを見て問題視するのは、経済のプロであれば決してしない、一面的な見方**なのである。

結局は、財務官僚や経済記者といえども、経済のプロではないということだ（財務官僚は、そのように装っている可能性もあるが）。

半径1メートルでしか考えることができず、マクロでは考えられない。そういう人たちに、惑わされてはいけない。

「借金をなくせ」で国債がなくなったら、大変なことになる

「国債は政府の借金であり、増えれば増えるほど国民の負担が増す」という論調は、いまだ根強い。

そこまで国債を悪者扱いしたいのなら、本当に国債がなくなったらどうなるか考えてみればいい。

はたして国の借金がなくなり、国民はいっさいの負担をのがれ万々歳となるか。

いや、そうはならない。

この点をしっかり理解するには、**「金融市場における国債」という国債のもう一つの顔**を理解しなくてはいけない。

国債は政府の借金だが、同時に金融市場にはなくてはならない「商品」でもあるのだ。金融市場では、国債以外にも株や社債といった金融商品が取引されているが、基本は「国債と何か」という取引だ。

つまり、**国債と株、国債と社債を交換するという取引が基本**である。

たとえばAさんが、自分がもっている○社の株を△社の社債と交換したいと思っても、「こんな株はいりません」と拒否されたら交換することができない。

でも、株と国債の交換なら簡単にできる。だからAさんは株と国債を交換し、さらにその国債を欲しかった△社の社債と交換する。

これは、物々交換とお金を介した売買の比較で考えると、わかりやすいだろう。

たとえば、大根3本をジャガイモ1袋と交換したくても、それがいくらお買い得であろうと、相手が大根を欲しがっていなければ、取引は成立しない。

でも、大根3本を500円と交換すれば、それでジャガイモ1袋が買える。

ここで、もしお金が存在しなかったら、どうなるか。大根とジャガイモの取引が、つねに成立するとは限らないから、取引は激減するだろう。

今の話の大根とジャガイモが金融市場における株と社債、お金が金融市場における国債に当たる。お金がなくなったら大根とジャガイモの取引が激減するように、国債がなくなったら社債や株の取引が激減する。

企業は銀行からの融資のほかに、社債や株で資金を得ているから、たちまち資金難に陥ってしまうだろう。

このように国債は、**金融市場において「お金」、あるいはかつての「コメ」のような役割を果たしている。これが、「政府の借金・国債」のもう一つの顔**だ。

とにかく、**すぐに他の商品と交換できる、非常に使い勝手のいい金融商品**なのである。

ここで「お金と同じ役割なら、お金だけもっていればいいではないか」という意見が出るかもしれないから、一応説明しておこう。

お金はお金としてもっている限り、利益を生まない。でも、**国債は国の借金であり、利子がつく。金融市場は、利払いのやりとりを通じて、経済を動かしている**といえる。

そのなかで、利益を生まないお金をもっていては、とてもやっていけない。**ちょっと**

の利払いでも得ていかなくては商売を続けられないという、シビアな世界なのだ。

国債は金融市場をこんなふうに根っこから支えている。その**国債がなくなっては、金融機関は商売ができない。**ひいては、現在、私たちが生きている金融資本主義社会の発展も望めなくなってしまう。

金融マンなら、「国債は政府の借金だからないほうがいい」なんて絶対にいわないはずだ。国債がなくなれば、金融機関の仕事は大幅に縮小し、失業しかねないからだ。

アメリカのニューヨーク市場、イギリスのロンドン市場など、金融資本主義が発展している他の国の金融市場でも、国債を介した取引が一番多い。国債の発行額は国によって違うが、国債がなくては金融市場が成り立たないという点では変わらない。

唯一、先進国のなかで、あまり国債を発行していない国はドイツだ。

第一次世界大戦後のドイツでは、生産性がガタ落ちになった。モノが減れば、相対的にお金がだぶつく。物価はモノとお金のバランスだから、第一次世界大戦後のドイツではハイパーインフレが起こった。つまり、ありえないくらい大量に、「お金が余った状態」になったのである。

そのトラウマが根強く、ドイツはインフレを起こすような政策には消極的だ。国債の発行は、お金を世の中に出回らせてインフレを誘導する。だからドイツは、国債をあまり発行しないというわけだ。

フランクフルト市場も、東証やニューヨーク市場、ロンドン市場に比べれば小規模である。

こういう例外的な国はあるが、**国債には金融市場の「コメ」「必須商品」としての重要な役割がある**。

「国債は国の借金だからダメ」というのが、いかに無知からくる見方かということが、ここでもよくわかるだろう。

「国債発行残高はGDPの200%」を心配しなくていい理由

日本の国債発行残高が、どれくらいか知っているだろうか。だいたいGDP（国内総生産）の200%くらいだ。

これを、「今月のお給料が30万円なのに、60万円も借金があるようなもの、大変なことだ」などと考えるのは、これまた半径1メートルの見方でしかない。

すでに再三説明しているように、国債は政府の借金だ。

誰から借りているかというと、主に民間金融機関である。彼らが国債を買うから、政府は予算で足りない分を補填できる。これは前章でも説明したとおりだ。借金である以上、国債には利子がつく。金利に納得できなければ、民間金融機関は国債を買わない。

今のところ、そんな事態にはなっていないから、**民間金融機関はおおむね金利に納得しているということだ**。

これが何を意味するか、わかるだろうか。

先ほど**「日本の国債発行残高はGDPの200％」と聞いて、「大変だ」と思ったかもしれないが、じつはまったくそんなことはない**ということだ。

もし「国債が多く発行されすぎている」と民間金融機関が判断したら国債は買われなくなり、そうなれば国債の金利はどんどん上がる。需要と供給の関係で、買いたい人が少ない場合は、買い手により有利な条件をつけなくてはいけないからだ。

でも、すでに述べたように、国債の金利は低いまま取引されている。いい換えれば、これは民間金融機関が国債をまだまだ欲しがっているということだ。つまり、**国債は「発行されすぎ」ではない**のである。

GDPの2倍などという数字に驚く前に、金利は上昇していないという現状を見れば、現時点での国債発行残高には何も問題ないということが、すぐにわかるのだ。

それでも納得できない人は、こういったらわかるだろうか。

借金というのは、必ず誰かの資産になる。

国債は政府の借金だが、貸している民間金融機関にとっては「資産」である。民間金融機関は国債という資産を買って、利子収入を得ているのである。

今ほど低金利では、「利ざやで儲ける」というほど大きな額にはならない。しかし、**わずかでも利子収入を生む「資産」であることには違いない。**

しかも、前項でも説明したように、国債は金融市場の「コメ」だ。だから金融機関は、金利が低くても国債を買い続ける。

借金とは、どこまでいっても、「借りる側」と「貸す側」の二者関係の話だ。貸し手が喜んで貸している間は金利は低いままだが、「なんだか危ないから、もう貸したくない」という貸し手が増えれば金利は上がる。

国債は金利が低いまま取引されているから、「発行されすぎ」というロジックは成り立たない。

やはり単純な話なのである。

さらに、根本問題として、発行残高だけをみるのはバランスシートの右側だけなのでまずい。

バランスシート左側の議論は、やはり必要なのだ。

「政府には国債の支払い義務がない」というトンデモ論

「国債は将来世代に多大な負担をかける」と主張する人がいるかと思えば、一方には「国は借金を返さなくていい。したがってどれだけ国債を発行してもよい」と主張する人もいる。

正反対の主張だが、どちらも間違っている。

順序は前後するが、まず「国は借金を返さなくていい」から見ていこう。

すでに触れたように、これは弁護する余地すらないトンデモ中のトンデモ論である。いったいこの世のどこに、「借金を返さなくていい」などという道理が存在するというのだろう。

まったくバカバカしいというしかないが、その中には「日銀が買い取った国債に関しては、政府には支払い義務がない」というのもあるらしい。日銀は政府の子会社だから、というわけか。これはちょっと説明がいる。

しかし、**借りた相手が誰だろうと、すべての借金には返済義務がある。最初に定めたとおりの利子も、支払わなくてはいけない。**

国債もまた、民間金融機関が買った国債だろうと、日銀が買った国債だろうと、政府に返済（償還）と利払いの義務があることに変わりない。日銀が民間金融機関から国債を買ったとしたら、政府が利子を払ったり、借金の元金を返したりする相手が、民間金融機関からそっくりそのまま日銀に取って代わるだけだ。

それなのに「政府に返済義務はない」というのは、一つには、おそらく**日銀の国庫納付金**のことをいっているのだろう。

1章で説明したことを思い出してほしい。

日銀は民間金融機関から国債を買い、その代金としてお金（日銀券）を刷る。日銀の手に移った国債の利子は、政府から日銀に支払われる。これが通貨発行益であり、丸々、国庫納付金として政府に納められる。政府にとっては、ちょっとした税外収入になる、という話だった。

つまり、政府が日銀に払った国債の利子は、最終的には国に戻ってくる。

しかし、これを「支払い義務がない」といってしまっては、話の本質がまったく違うことになる。正確にいいなおせば、**「政府から日銀へは国債の利子が支払われるが、それは納付金として戻ってくるから、財政上の負担にはならない」**となる。**日銀への国債の利払いは、たしかに最後にはプラスマイナスゼロになる。**だが、**それは「支払い義務がないから」ではない。「払ったものが戻ってくる」からなのだ。**

元本返済（償還）についても、もちろん政府に義務がある。

ただ、政府は償還のために新たに国債を発行しているから、浅はかな頭だと「返さなくていい」と見えるのかもしれない。しかしやはり、本質的に間違っている。

これも正確にいいなおせば、**「政府には国債の償還義務があるが、そのために新規国債を発行しているので、財政上の負担にはならない」**となる。

借金の利払いも返済も、政府に「支払い義務がない」のではなく、「支払い義務はあるが、財政負担にはならない」。

この違いがわからないようではいけない。

では聞くが、もし本当に政府に支払い義務がなかったら、どうなるかわかるだろうか。「借金はしますが、いっさいお返ししません。利子もお支払いしません」といっている人に、誰がお金を貸すかと考えてみればわかる。

日本の国債を誰も買わなくなり、市場では日本国債が余りに余るだろう。すると需要と供給の関係で、日本国債の値段は暴落するだろう。こうして誰からもお金を借りられなくなった日本は、たちまち債務不履行（デフォルト）になるだろう。

逆にいえば、政府に支払い義務がないと宣言することが、債務不履行という外形的な証となってしまう。

「政府に支払い義務はない」という人は、それほどのトンデモ論を平気でいっているということだ。政府に支払い義務はあるが、財政負担にはならない。なぜそういえるのか、仕組みからわかっていないと、たちまちこういうトンデモ論にダマされることになる。

「赤字国債」の言葉のイメージにダマされるな

「○年度の補正予算が成立、赤字国債△兆円追加発行」

こんな報道を目にしたこともあるだろう。

おそらく気になるのは「赤字国債」という言葉ではないだろうか。たしかに「赤字」という字面からして、縁起が悪い。

国債は国債でも、**「赤字国債」とはなんなのか。**

結論からいえば、「お金に色はついていない」。つまり「赤字」とついていようといまいと、国債は国債である。

これでは話が終わってしまうから、もう少し説明しておこう。

そもそも財政法では、「公債または借入金以外の歳入をもって歳出の財源とする」

と定められている。借金をせずに、歳入（国の収入）だけで予算をまかないなさい、という意味だ。

ただ、さすがに歳入だけでは財政運営ができないから、借入については「建設国債」の発行が認められてきた。読んで字のごとく、インフラ整備や建設など建設に関する予算については、借金をしてもいい、というわけだ。これを「建設国債の原則」という。

一方で、これでも財政運営ができなくなったので、さらに各年度に特例公債法を適用して、例外的に「特例国債」の発行も認められるようになった。

それが、いわゆる「赤字国債」と呼ばれる国債である。

「特例」というと、それだけでも「平時ではありえないもの」という印象を持っても不思議ではない。そのうえ「赤字」とまでいい換えられたら、ますます「本当はいけないもの」という悪いイメージがついてしまう。「また借金がかさんで、財政は苦しくなる一方だ」というわけだ。

しかし、**建設国債も特例国債（赤字国債）も、その年の予算のうち、税収でまかないきれない分を補うために発行される、という点において、何も違いはない**と考えていい。

政府は予算を出して、足りない額の国債を発行する。そこで、まず毎年の国債発行額が決まる。そのうち建設国債発行対象経費分を建設国債と呼び、残りを赤字国債と呼ぶだけだ。

あくまで発行する国債について建設国債と赤字国債を分けるだけであって、それぞれの国債で調達した資金では、カネに色はついてない。

本章の冒頭で述べた「お金に色はついていない」とはこういうことだ。

いってしまえば建設国債も赤字国債も、「ただの国債」なのだ。国債を発行して得た資金は、必要な用途に割かれるだけである。だから、もちろん、**金融市場の現場では、建設国債と赤字国債は同じ国債として扱われており、区別されていない。**

その証拠に、もし金融機関で国債を買ったら、自分が買った国債は建設国債なのか、赤字国債なのか聞いてみたらいい。どっちであるとは答えられないはずだ。

建設国債と赤字国債を区分しているのは、政府の予算の中だけである。

それも、**先進国で予算において国債を建設国債と赤字国債とに区別しているのは、基本的には日本だけ**だ。

要するに、何のための借金なのか、何となく大義名分を立てておきたい……その気持ちの裏には、「投資的な経費のための借金はいい」という考えがあるのだろう。

そうであれば、海外にも通用する考え方であるが、日本では後で述べる「教育投資国債」ですら認めておらず、この区別は結局「借金は悪」というイメージを広めているだけという感じがする。

「赤字国債」という言葉が新聞の見出しで躍っていても、過度に騒ぐ必要はない。建設国債が少なすぎる結果でしかない場合もあるのだ。

外国人に借金をしても、国は乗っ取られない

国債については、「外国人保有率」を気にする人もいる。日本国債をもっている外国人の割合が高くなったら困る、という主張だ。しかし、これもよくわからない危機感だ。外国人が日本の国債をたくさんもっていたら、日本の国を乗っ取られるとでも思っているのだろうか。

たとえば日本の株式会社が、株の大半を外国人に買われてしまったら、いいかたは悪いが、それは会社を乗っ取られたも同然といえる。

あるいは、外国人が日本の国会議員になるのも問題である。日本の国会は、日本の国益を最大限にするために国政を議論する場であり、他国の利益を考える人とは相容れない。だから日本の法律では、国会議員も一部の政府職員も、日本国籍を有する者

だけと定められている。何年か前に蓮舫議員の二重国籍問題が取りざたされ、かなり大きく報じられたことでも、よくわかるだろう。

これは国会議員に投票する側も同様で、外国人には国政参政権が認められていない。すべて当たり前の話であり、世界の常識だ。

しかし国債は、誰がどれほどもっていても、国を動かす権利をもてるわけではない。要するに、**日本の国が外国人からたくさんお金を借りたところで、それがどうした、という話**なのである。**単にお金を貸し借りしているだけ**だ。

むしろ、**外国人が日本の国債に群がるような状態があるとしたら、それは日本の国債の信用度が高いことを意味する**。いい換えれば、日本国内だけでなく、国外からも低い金利で（欲しい人が多ければ、それだけ金利は低くなる）資金を調達できるということなのだから、喜ばしいといってもいいくらいなのだ。

さらに、国債の外国人保有比率が高いと国がデフォルトになる確率は、これまで世界各国の200年以上のデータ分析によれば、決して高くなるわけでない。

要するに**外国人保有率とデフォルトとの間には、何の相関もない**ということだ。

したがって、しばしば、「日本は国債の外国人比率が低いからデフォルトしない」という主張も見るが、これもデータ上は正しい意見とはいえない。

多かろうと、少なかろうと、外国人保有率を気にする必要はない。

3章

国債から見えてくる日本経済「本当の姿」

——「バカな経済論」に惑わされないために

なぜ財務省は「財政破綻する」と騒いでいるのか？

このままでは、いずれ日本は財政破綻する。

そして、日本国債は暴落する。

こういわれるようになって久しいが、日本は一向に財政破綻しないし、日本国債は一向に暴落しない。その兆しを見せたことすらない。

財政破綻も国債暴落も、「要因」がほとんどないのだから当たり前だが、いまだにこう断じてはばからない人がいる。本当にわかっていない人たちは論外として、自分たちの利益のために「あえて恐怖を煽っている人たち」もいるのだろう。

彼らは、データ的根拠や何をもって「暴落」とするのかを、示していない場合が多い。このことからも、単なるイメージ戦略であることがうかがわれる。

では、**誰が、どのような利益のために、財政破綻や国債暴落を主張しているのか。**

一つは、財務省だ。ただし、これは表では絶対いわない。こっそりと裏でいうのである。

まず前提として、財務省は一貫して「増税派」と思っておいて間違いない。その理由は、税金をたくさん集めて財政再建したいから、ではない。じつは増税すると財務省の予算権限が増えて、各省に対して恩が売れて、はては各省所管の法人への役人の天下り先の確保につながるからだ。

驚いたかもしれないが、こうした思惑があるからこそ、**財務省は「いつだってスキあらば増税したい人たち」**なのである。

なぜ増税が財務省の権限を増すことになるのか。単純な話である。

まず、予算を実質的に膨らませることができる。

こういうと、経済成長によって「税収」が増えても同じという声もあるが、それは素人論議だ。経済成長があれば、要求官庁は経済成長に見合う経費増も要求する。経済成長は財務省のおかげではないので、「税収」増の分だけ予算増となっても、要求官庁は財務省に恩を感じない。

ところが、**「増税」であれば、その増加分は財務省のおかげとなって、財務省はその分の予算配分をするとき、各省庁に恩をきせられるのだ。**予算増の恩恵を受けた省庁は、その見返りに自分の所管する法人などに財務省からの天下りを認めてやる。

もちろん、**この天下りは予算配分してもらった見返りであり、国民の血税が使われている。**

もう一つは、増税するときには、必ずといっていいほど「例外措置」が設けられる。一緒くたに増税するのではなく、「こういうケースは税が軽減される」とか「今回の増税は、こういう業界は例外とする」といったように、特定の業界や特定の層を優遇する措置がとられるのだ。

わかりやすい例でいえば、「生活必需品は増税されない」とか「新聞は増税されない」

などの「軽減税率」も要は例外措置である。

ただし、どういう場合に例外措置が設けられるかは、財務省のさじ加減だ。

もっともらしい理屈をつけて例外措置を設けるが、そのじつ「この業界を特例とすることには、どんな利益があるのか」という計算が働いていると見ていい。これが、「あのとき優遇したのだから、引退した官僚の受け皿を提供しなさいよ」という具合に、天下り先の確保につながるわけだ。

まったく呆れた利己思考だが、実際に大蔵省（現・財務省）に身を置いたことがある私が自らの体験からいう話である。

財務省ロジックに乗っかる人々もいる

財務省が「財政破綻する」といっているると、それに乗っかる人たちも出てくる。**財務省の「御用記者」は財務省のポチだから、そうしたマスコミはどうしても財務省寄りになる**。つまり、**マスコミが「財政破綻の危機がある」と報じても、それは単に利己思考から増税したい、財務省の口車に乗せられているだけと見ていい**のだ。

意外なところでは、銀行や証券会社もいる。**「財務省が、財政破綻するといっている。財政破綻すれば国債が暴落する」こんな論法で、個人の投資を国債以外の金融商品へと誘導する魂胆**である。

あとで詳しく説明するが、国債は、個人でも買うことができる。ただし政府から直接買うのではなく、銀行や証券会社を介して買う。ところが、個人の国債購入を仲介しても、銀行や証券会社には何のうまみもない。

だから、銀行は、国債は自分たちで保有しておきたい。そして個人に対しては、国債購入の仲介なんかするより、預金を集めたり、変額保険（これは保険会社の商品だが、銀行が代理店になっている）を売ったりしたい。

証券会社も同じで、自分たちの金融商品である投資信託などを売りたい。

これが彼らの本心だ。

おそらく、銀行から「国債を買いませんか？」と勧誘を受けたことのある人なんていないだろう。売りたくない商品をすすめるはずがない。あるとしたら国債を取っかかりにして、自分たちの金融商品に誘導するためだ。

ためしに、銀行で「国債用の口座（国債を買うには、専用口座が必要）を開きたい」と言ってみるといい。「貯蓄口座を開きたい」と言ったときの歓迎ぶりとは打って変わって、怪訝な顔をされるに違いない。

あるいは証券会社なら、すんなり投資用の口座を開くことができて、そこから国債を買うことも簡単にできるだろう。ただ、すぐに「投資信託に乗り換えませんか？」といった勧誘がくるはずだ。

比較的手を出しやすい国債は「撒き餌」のようなものであり、最終的にはより自分たちの儲けの大きい金融商品を買わせたいのである。

だから私などは、「お金はあるが、投資の素人」という人から相談されたら、「まず銀行で国債を買ってみるといい。ただし、買うのは国債だけ。その他の商品をすすめられても買わないほうがいい」といっている。**押しの強い証券会社で買おうものなら、カモにされかねない。**

なお、個人が国債を買うにはどうしたらいいかは、5章にざっと記す。本書を読んで「日本は財政破綻しないし、日本国債は暴落しない」と安心し、国債を買ってみたくなった人は、参考にしてほしい。

国債が「下落」することはある、それはいい

「日本国債は暴落する」という人のなかには、財務省のような明確な魂胆ではなく、ふんわりした雰囲気でいっている人も多いように見受けられる。

そもそも彼らは、何をもって「暴落」とするのか。

財政破綻、つまり国が倒産したら、当然、その国の国債は紙くず同然と化す。企業が倒産したら、その企業の株や社債が紙くず同然になるのと同じだ。

だが、ひょっとしたら「日本国債暴落論者」たちは、違う意味でいっているのかもしれない。**彼らなりの「暴落」の定義によっては、「そういうことなら、そりゃ暴落するよね」という結論にもなりかねない。**

たとえば国債価格が5％下がったら、それは「暴落」というのか。日本が長く続いたデフレを脱し、インフレになれば国債価格は当然、下がる。国債の金利は基本的に

インフレ率に比例する。単純にいえば、インフレになれば金利は上がる。すると国債の相場価格は下がる。

その仕組みを簡単に説明すると、こういうことだ。

国債の長期金利の指標となる銘柄である、「新発10年物国債」は固定金利だ。つまり、この国債が発行された時点での利率がずっと続く。

ところが買った後に新発国債の金利が上がると、それより前に設定された金利は不利になって、この国債の価格が下がる。それもそのはずだ。これから国債を買う人からすれば、発行当初の利率が固定されたままの国債より、金利がより高くなった直近の国債のほうがほしい。

要するに需要と供給の関係で、金利が高くなってからだと、金利がより低いまま固定された国債には買い手がつきにくくなり、価格が下がるというわけだ。

仮に、現在の国債の金利が1％で、あとから5％に金利が上がったとしたら、どうなるか。

金利が上がったときの価格下落率は、その国債の償還年限に依存する。償還年限が大きいほど下落率が高くなる。

これは金利の変動に応じた、いわば当たり前の価格下落だ。それを「暴落」とするのなら、日本国債が「暴落」することは十分ありうる。

ただし、一番の問題は、それをどう見るかだ。インフレ率が上がり金利が上がることで、国債価格が下がる。元をただせば、この現象は、それだけ経済成長率が高くなっているということなのだ。

金利1％の世界から5％の世界になるというのは、デフレからインフレ、不景気から好景気へと変化しているということだ。給料も上がれば、消費も増えるし、投資も盛んになる。**まとめていえば、経済が活発に回りだす。**

「暴落」という言葉をいたずらに恐れていると、こうした普通の、むしろ「いい兆候」ともいえる国債価格の下落すら、「これが終わりの始まりか」と受け取りかねない。「国債価格が下がること」自体を悪いことととらえてしまうのだ。

しかしこれは、「経済成長しなくていい」「景気が上向かなくていい」といっているのと同じなのである。

根拠となるデータも、明確な定義も示さない、単に雰囲気だけで恐怖を煽る**「ふんわりロジック」**ばかり見ていると、こんな勘違いに陥る危険もあるということだ。

私はこうした人を相手にすることもあるが、その場合、暴落という場合、どのくらいの期間内で何％下落することをいうのか聞くことにしている。それでも答えないとき、償還期限10年債で、今より金利が5％上がったら何％下落するのかを聞いてみる。

雰囲気だけの人は、この簡単な質問にも答えられないはずだ。

金利を見れば一発でわかる「日本国債は暴落しない」

「日本国債は暴落する」といっている人が、何をもって「暴落」といっているのかは、よくわからない。

ただ常識的に考えれば、国債暴落は財政破綻とセットで起こる。「日本という国が倒産しそうだ」となれば当然、日本の国債は叩き売られ価格はまさに暴落する。本当に倒産すれば返済不可能な借金となる。企業が不渡りを出すようなものだ。

では、この常識的な定義での国債暴落は、起こりうるのだろうか。

それは、金利を見れば一発でわかる。何度もいっているように、**国債は政府の借金だ。基本的には、民間のお金の貸し借りと同じように考えてかまわない。金利も同様だ。**

お金を貸すほうからすれば、貸した金が利子付きで戻ってくるかどうかが、一番重要だ。だから、**しっかり返すアテのありそうな相手なら、「低い金利で貸してよかろう」**

という判断になる。

一方、返すアテのなさそうな相手だと、利子は一気に高くなる。最初から高い利子をつけないとリスクヘッジにならないからだ。その極端な例がヤミ金だ。信用のない企業や個人は、借金を踏み倒すリスクが高いと見られる。ほぼ確実な借り手しか相手にしない銀行は、こういう企業や個人にはお金を貸さない。それでもお金が必要だという弱みにつけこんで、ヤミ金が超高利でお金を貸すのだ。

このように、借金する側のリスクが低ければ、低利子でお金を貸してもらえる。リスクが高くなるほど、誰も低利子では貸してくれなくなり、高利子になっていく。

これを国債に当てはめて考えてみればいい。

今、日本の国債の金利は国債の種類によって多少の違いはあるが、だいたい0・1%前後だ。いっておくが、これはかなりの低金利である。国債の利ざやで儲けようといったって、ほとんど儲けの出ないくらいの金利だ。

それでも、日本国債を買う人がたくさんいる。「日本だったら、低金利で貸してよかろう」と判断している人が多いということだ。

これは、日本の財政が安泰と見ているからにほかならない。本当に財政破綻がささやかれるほど日本の財政が危ういのなら、誰もこんな低金利ではお金を貸してくれないだろう。

前章では、「国債発行額残高がＧＤＰの２００％でも心配に及ばない理由」を説明した。それとまったく同じロジックで、日本の財政破綻および日本の国債暴落リスクはきわめて低いということが説明できるのだ。

今後、「日本は早晩、財政破綻するし、国債は暴落する」という人に出会ったら、こう返してみるといい。

「じゃあ、どうして、日本国債の金利はこんなに低いんですか」

「財政破綻リスクが高いのに低金利の国債を買ってくれるなんて、お金が返ってこなくてもいいから日本にお金をあげようという、お人好しが多いんですね」

相手は何もいえなくなってしまうはずだ。

本当に財政破綻すると思っている人は「CDS」を買えばいい

財政破綻論者の不思議なところの一つに、根拠がないのに「自分が正しい」といい張ることが挙げられる。財務省や財務省の御用学者、御用記者なら魂胆がわかるが、それ以外の人たちが「日本は財政破綻する」といい続けているのは解せない。

しかも、「日本は財政破綻する」といっておきながら、自分自身は財政破綻に向けて対策を講じているようには見えないのだから、余計に謎だ。いずれ破綻するとわかっているのなら、破綻したときに自分が最大利益を得られるように動けばいいようなものであるが。

たとえば「CDS（クレジット・デフォルト・スワップ）」という金融派生商品（デリバティブ）を知っているだろうか。これは、株や債券の発行体（企業など）の倒産に備える保険のようなものだ。

たとえば、私がA社の10万円の社債を買ったとして、A社が倒産したら社債は紙くずになる。利子も受け取れなくなるし、元本も戻ってこない。でもCDSを買って保証料を払っていれば、万が一、A社が倒産してもCDSの売り手がその損失を保証してくれる。

一方、CDSの売り手としては、契約期間内に発行体が倒産しなければ、買い手から入る保証料が丸ごと利益になるわけだ。

CDSは債券をもっていなくても買うことができる。その場合、契約期間内に債券の発行体が倒産しなければ、払った保証料が丸ごと損になる。

逆に、契約期間内に債券の発行体が倒産すれば、保証されたお金が入ってくる。もともと債権を買ってはいない（つまり元手を払っていない）のだから、これは保証というよりは、保証料を差し引いた額が丸ごと儲けになるわけだ。

簡単にいうと、CDSはこういう仕組みである。

となれば、財政破綻論者がしておくといいことは、明らかだろう。

仮に彼らが「10年以内に日本は財政破綻する」と見ているのなら、10年契約の日本国債のCDSを買えばいい。

幸い、彼らの予想に反して日本国債のリスクは低いと考えられているから、CDSの保証料率もかなり低い。そこで予想どおり日本が財政破綻したら、100%元本保証される。

保証料を払うのを投資と考えれば、非常に高い投資効率になる。

これほどおいしい話はないはずだ。

なぜ財政破綻論者がこのおいしい話に乗らないのだろうか。不思議で仕方ない。

もちろん、本書の読者にはおすすめしない。日本が財政破綻する確率は、きわめて低いから、保証料をまるまる損する確率が高い。

財政破綻論で騒ぐのは、ホラー映画を見ているようなもの

今までの話で、日本が財政破綻する可能性は、きわめて低いということが、だいぶわかってきただろう。

金融市場では、日本国債ほど安牌と見られている商品も珍しいといえる。だから国債そのものの金利も低いし、破綻時に損失保証するＣＤＳの保証料率も低い。すべてが「日本国債は安全」ということを示している。

すなわち、日本の財政破綻のリスクは今のところ、ほとんどないと見ていいということだ。少なくともそれが、金融市場の見方である。

いっておくが、**市場ほど明瞭に、世の中の実相を映し出すものはない。都合のいいことも悪いことも、すべて明らかにしてしまう。**

そういう意味では非情ともいえるが、うがった見方や忖度《そんたく》など働く余地もない、正直な世界なのである。その市場が、日本の財政破綻リスクは低いと見ているわけだ。

そして、そういう見方は、後で述べる日本政府の統合政府（日銀などいわば連結子会社ともいえるものを含めたもの）のバランスシートで見れば正当化できる。

それなのに、単なる官僚の都合で「財政難だから増税」と繰り返す財務省、その肩をもつ（というか、理解できないから財務省のいうことを鵜呑みにする）マスコミのせいで、根拠のない財政破綻論が根強く流布されている。

これは**受け取る側のリテラシーが問われている**と考えたほうがいい。

流言飛語に惑わされるのは、危機感とは呼べない。単なる雰囲気で怖がっているだけだ。

そもそも、財政破綻論や国債暴落論を恐れる人のなかに、失ったら困るくらいの額の国債をもっている人が、どれくらい、いるのだろう。

おそらく、ほとんどいないのではないか。

自分の国の財政が破綻するかもしれないと聞いたら、たしかに、誰でも恐怖を感じるだろう。ただ、何度もいっているように**国債は国の借金であり、その借金がどうなるかは、貸し手と借り手の間の問題でしかない。**つまり、**国債をもっていなければ、たとえ財政破綻して国債が暴落しても、それほど困らない**ということだ。

少なくとも、多額の国債をもっており、暴落したら大損を被る人ほどは困らない。

だから、国債ももっていないのに、何の知識もなくマスコミに煽られて「財政破綻する」だの「国債暴落する」だのと騒いでいる人たちは、じつは本心から心配などしていないのではないか、とすら私には見える。

いってみれば、ホラー映画を見ているようなものだ。

怖いもの見たさで、ドキドキしながらホラー映画を見る。

いもしないオバケを疑似体験して、ワーキャーと騒ぐ。

これと同じように「日本は財政破綻するよね、まずいよね」「国債は暴落するよね、日本も終わりだね」などとうそぶく。

こんなのは、お祭り騒ぎと何も変わらない。

ホラー映画は好きなら見ればいいが、国の経済、財政については、もう少しリテラシーを高めてから考えてみてほしいものである。

軽率にも乗っかる人がいるから、財政破綻論者や国債暴落論者たちも増長するのだ。

たった一つの表でわかる「日本に財政問題はない」

金融市場は、日本の財政破綻のリスクはきわめて低いと見ている。

市場は世の中の実相を非情なまでに映し出すといったが、今度は実相そのものに目を向けてみよう。

日本の財政は、実際のところ、どうなっているのか。じつはたった一つの表で、国の財政状態がわかるのだ。

簿記を習ったことのある人なら、**「バランスシート」**が何であるかは知っているだろう。**バランスシートとは「貸借対照表」、つまり組織の「資産」と「負債」のバランスを1枚の表にまとめたもの**だ。

企業であれば、バランスシートは必ず作らなくてはならない。

銀行にお金を借りたいといっても、バランスシートがなくては相手にしてもらえない。負債がどれくらいで、資産がどれくらいあるかがわからなくては、貸しても大丈夫かどうか判断できないからだ。

要するに1枚の表で財務状態がわかる、非常に便利で重要な書類なのである。**国の財政状態も、バランスシートを見れば一発でわかる。**ちなみに26年ほど前の1995年ごろ、最初に政府のバランスシートを作ったのは私だ。信じがたいことに、それまで大蔵省（今の財務省）ではバランスシートで財政状態を把握してこなかったのだ。私が作った後も10年ぐらいは公表せずお蔵入りにされたが、小泉政権になってようやく公開された。

では現在、日本政府のバランスシートはどうなっているのか。

実際のバランスシートにはいろいろな勘定科目があって、素人にはわかりにくい。そこで財務省が公表しているものをざっくりまとめると、図5のようになる。

負債が資産を大きく上回っているから、これだけ見ると「日本は財政難だ」という人もいるかもしれない。

図5 **政府の連結バランスシート(除く日銀)**

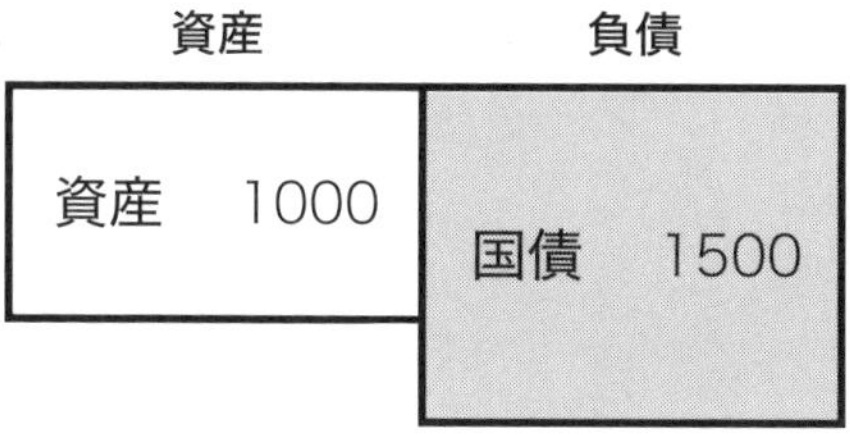

(資料) 国の財務諸表(財務省)/(単位:兆円)

しかし、これはあくまで「日本政府のバランスシート」だ。日銀は「政府の子会社」のようなものだから、日銀のバランスシートを足さなくては、日本の財政の本当のところはわからない。

そこで日銀のバランスシートを、これまたざっくりまとめたうえで、先ほどの日本政府のバランスシートに合体させると、図6のようになる。ついでに、政府の「見えない資産」ともいえる徴税権（税収）も加えた。

このように、政府と中央銀行のバランスシートを合体させたものを、「統合政府バランスシート」と呼ぶ。

するとどうなったか。今度は資産が負債を上回ることが見て取れるだろう。ちなみに、日銀券は、前に説明したように、利子負担なし、償還（返済）負担なしだから、実質的には債務とはいえない。したがって税収を除いても、「統合政府バランスシート」の資産と負債は、ほぼイーブンになる。

これが、日本の財政の実相である。

図6を見てもなお、「日本は財政難」という人はいないだろう。

図6　統合政府バランスシート

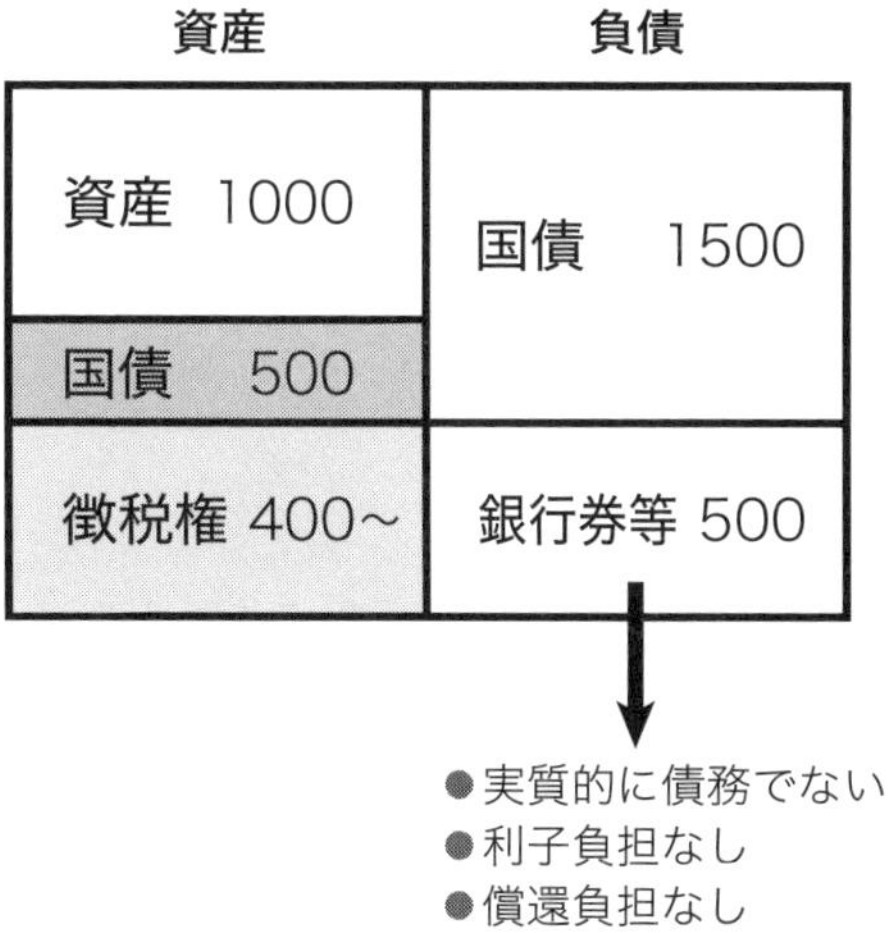

（資料）国の財務諸表（財務省）より著者試算 /（単位：兆円）

財政問題をいう人は、「借金」だけを見て騒いでいるだけ

「統合政府バランスシート」を見れば、日本に財政問題がないことは明らかだ。日本政府だけのバランスシートと比べてみたことで、それがよりいっそうわかってもらえたのではないか。

にもかかわらず「財政問題がある」と主張する人は、いったい何を根拠にしているのだろうか。

会計学では、負債の総額を「グロス」、負債から資産を引いた額を「ネット」という。このうちどちらに着目するかが、ポイントだ。ひとことでいえば、財政問題があるといっている人たちは、政府のバランスシートの右側（負債）だけ、つまりグロス債務またはグロス債務残高の対ＧＤＰ比を見ているのだ。

政府のグロス債務残高は１０００兆円、これはＧＤＰの2倍である。だから「日本

は大変な財政問題を抱えている」「財政再建が必要だ」「そのためには増税と歳出カットだ」と主張しているわけである。

これほどの財政難のなかで借金がさらに増えては困る（国債をたくさん発行しては困る）から、増税で税収を増やす一方、政府の支出を減らそう、もっと倹約しようというわけだ。

これの何がおかしいか。

すでに「答え」をいってしまったようなものだから、もうわかるはずだ。

要するに彼らは、**「借金」だけを見て騒いでいる**のである。

ここで少し前に話したことをちょっと思い出してほしい。

経営難に陥った企業の借金だけを見て批判するのは理不尽だ、という話だ。問題は借金に見合うだけの資産を築いていなかったことであり、いくら借金をしても、見合うだけの資産があればかまわないと説明した。国の場合もまったく同じで、大事なのはグロスではなくネット、つまり負債の総額ではなく負債と資産の差し引き額だ。

バランスシートの右側の数字から左側の数字を引いてみると、本当の財政状態が見えてくるのである。

たしかに政府の債務残高1000兆円はGDPの2倍だ。

ただ一方で、政府には豊富な金融資産がある。さらに政府の「子会社」である日銀の負債と資産を合体させれば、政府の負債は相殺されてしまう。これは前項で説明したとおりだ。

だからやっぱり日本に財政問題はない。

したがって、増税の必要も歳出カットの必要もない。じつに単純な話である。

「統合政府バランスシート」が世界の常識

伝統的な財政の考え方では、政府のグロス債務、またはグロス債務残高の対GDP比に着目する。バランスシートの右側だけを見て、借金がどれだけあるか、その借金がGDPに占める割合はどれくらいか、ということだ。

ただしすでに説明したように、借金だけを見るのは一面的すぎて、本当の財政状態はつかめない。それを、まずバランスシートの右側と左側の両方を見よう、しかも日銀のバランスシートも合体させて見よう、というのが**「統合政府バランスシート」**だ。

これは私が勝手にいっていることではない。

ノーベル経済学賞を受賞したコロンビア大学教授、ジョセフ・スティグリッツ氏が2017年に来日し、経済財政諮問会議に出席した際のことである。

そこでスティグリッツ氏が出した提言は、「財政政策による構造改革を進めるべきだ」というものだったが、そのなかで「政府や日銀が保有する国債を相殺することで、政府の債務は瞬時に減少し、不安はいくらか和らぐ」という主旨の記述があった。

この提言には、スティグリッツ氏が政府の財務状態を「統合政府バランスシート」でとらえているという前提がある。だから「政府や日銀が保有する国債を相殺すると、政府の債務は瞬時に減少する」という発言になった。

政府と日銀のバランスシートを合体させると、政府の負債である国債と、日銀の資産である国債が相殺される、だから瞬時に政府債務は減少してしまう、ということだ。

このように、一国の財務状態を「統合政府バランスシート」で考えるのは、海外では当たり前なのである。何も私が無理筋を通そうとしているのではなく、しごくまっとうな見方だと思ってほしい。

ちなみに、スティグリッツ氏が出した英文原資料を見ると、「cancelling」という言葉が使われていた。これは会計用語で「相殺」という意味だ。だから私も、たった今、「相殺」という言葉を使った。

ところが、内閣府が用意した和訳では「無効化」となっていた。「無効化」とは、「なかったことになる」ということだから、これでは、かなり意味が違ってしまう。浅はかな人が真に受ければ、先に挙げた「政府は国債について支払い義務がない」のようなトンデモ論の類が、また飛び出しかねない。

何がどうなっても、政府の負債が「無効化」することなどない。「統合政府バランスシート」で考えれば、政府負債の国債の一方には日銀資産の国債があるから両者は相殺できる、ということなのだ。

もし政府負債の国債が「なかったこと」になれば、その裏側にある日銀資産の国債もなかったことになる。すると、日銀が国債を買って発行した日銀券もなかったことになる。バランスシートがどんどんおかしなことになっていく。

こういう会計学の基本知識がないから、つまらないミスをおかすのだ。

あるいはわかっていて、あえて誤訳したのか。

「相殺」より「無効化」のほうがインパクトは強い。もし、あえて訳したのだとしたら、資料作成に関わった人たちは相当なやり手である。

「国債が暴落すれば日銀が大損する！」というバカ報道

「政府の借金が増えているから問題」という偏《かたよ》った批判がある一方で、「日銀が大損をするから問題」という偏った批判もある。たまたま、ある新聞で目にしたときにはびっくりしたが、これも見当違いな批判であることを、ここで説明しておこう。

まず「日銀が大損をする」というのは、次のようなことだ。

日銀が、民間金融機関から高値で大量に国債を買っているが、景気がよくなれば国債価格は下落する。そこで金融緩和策から金融引き締め策へと転じれば、日銀には逆ザヤとなって巨額の損失が出てしまう。要するに、日銀が高値で買った国債は、いずれ価格が下落するだろうから、大きな評価損が生じる（下がった差額分、損をする）、といいたいわけだ。

じつは20年ほどまえから、こうした議論はあった。

元アメリカ財務長官のローレンス・サマーズ氏や、FRB前議長のベン・バーナンキ氏が来日したときにも、日銀関係者などから「日銀の評価損は問題ではないか？」という質問が出ている。

それに対するサマーズ氏の答えはひとこと、「だから何？」だった。もっともな答えだと膝を打ったが、素人には何のことやらわからないだろう。

もう少し親切に説明するなら、バーナンキ氏の**「日銀資産の評価損は、政府負債の評価益だから問題ない。もし気にするなら、政府と日銀の間で損失補填契約を結べばいい」**という答えがわかりやすい。

サマーズ氏はちょっと意地悪だったかもしれないが、バーナンキ氏は誠実で親切丁寧な経済学者らしく、ちゃんと答えてくれたのだ。

この二人に共通しているのも、**「統合政府バランスシート」で財政を見ている**、という点だ。

日銀と政府は、子会社と親会社であるかのように一体である。そして**資産と負債は背中合わせ**である。したがって、**日銀の「資産」である国債の「評価損」は、政府の「負債」である国債の「評価益」となるため、政府と日銀のバランスシートを合算すれば問題ない。**

サマーズ氏もバーナンキ氏も、こういうことがいいたかったのだ。**彼らにとっては常識中の常識**だったから、サマーズ氏に至っては「だから何？」という答えになったに過ぎない。

「統合政府バランスシート」は、それくらいスタンダードな考え方なのである。

政府と日銀を一体と考えれば、どちらかの「資産」は、もう一方の「負債」であり、どちらかの「損」は、もう一方の「益」になる。これは騙しのロジックでも何でもなく、財政の本当の姿がもっともよくわかる見方であることを、ここで再度強調しておこう。

百歩譲って財政問題があるなら、政府資産を売ればいい

日本に財政問題などないことは明らかだが、百歩、千歩譲って、財政問題があるとしよう。あるいは将来的に、財政問題が生じたとしよう。

そこで真っ先にすることは、増税でも歳出カットでもない。**資産の処分**である。要するに**資産を売って、財政の足しにする**ことだ。

民間の企業でも、経営が苦しくなってきたら、みずからの関連子会社を売却することを考える。大事な強みを手放していいのかという議論はさておき、**倒産を避けるために資産を処分する、というのは当たり前に行なわれている**ことだ。

政府でも同じだ。

たとえば、２００９年、政権交代を機に大変な財政赤字が発覚したギリシャでは、

大々的な政府資産の売却が行なわれた。だから日本だって、もし財政問題があるというのなら、まず資産を売ればいい。

こういうと、財務官僚から「資産には売れないものもある」という批判が出る可能性がある。

たしかに、たとえば車を持っていても、誰も欲しがらないような車だったら、お金が必要なときに売って、家計の足しにすることはできない。国の資産でも、道路などの資産は「売りにくい」という問題がある。

ただ、**日本政府の資産の大半は、金融資産だ。**そのため、海外では「日本政府は、売ろうと思えば売れる資産がたくさんあるのに、ぜんぜん売ろうとしないのだから、財政破綻するはずがない」と見られている。

「売ろうとしない」のは、もちろん日本に財政問題がないからだが、じつは「売りたくない」という事情もある。

財務省のホームページを見ると、「資産を売れば借金が返済できるという説もあるが？」という質問に対し、あれこれと理由をつけて「資産を借金返済に当てることは困難」と回答している。

財務省は、基本的に「財政問題がある」というスタンスだ。それなのに、「資産を売ることはできない」という。売れる資産があるのに、売らずに「増税で借金を返す」という、ふざけたロジックになっているのだ。

いったいなぜなのか。これにはウラがある。

日本政府の金融資産は、じつは天下り先への出資金、貸付金が非常に多いのだ。となればもう明らかだろう。政府の資産を売るとなれば、当然、官僚が天下り先として確保している特殊法人や政府子会社も処分することになる。**「政府資産には、売れないものもある」というのは、せっかくの将来の落ち着き先がなくなっては困る、という官僚の泣き言に過ぎない**のである。

「自分たちの将来のために、資産は売りたくない」――これが、財務官僚の本音なのだ。同じ官僚出身の身としては、情けない話である。**再就職先くらい、自分で見つけたらどうかといいたい。**

こういってもわかってもらえないのなら、法律で規制するしかない。

実際、私は第一次安倍政権の内閣参事官だったころに、天下りの法規制の企画立案担当者だった。じつは私にも官僚時代に退職人事に関わり、再就職斡旋を行なった経験がある。「天下り」とは、つまり「不適切な再就職」ということだが、実際には各省庁で当たり前のように、その「不適切な再就職」の斡旋が積極的に行なわれているのだ。

天下りをするのは一定以上の管理職だ。

とはいえ、天下り先へ予算をつけたり監督権限行使の際に、天下り先には手加減したりといった経験のある役人は多いはずだ。

こういうものも含めれば、天下りは各省庁の組織ぐるみのことである。現行の法規制には抜け穴もある。だから、天下りはなかなか減らないのである。

組織の内側から正すことが難しい以上、やはりもっと厳しい法規制が必要である。たとえば、官僚の再就職は必ずハローワーク経由で行ない、手続きを透明化する、官僚ＯＢが直に行なう斡旋もしっかり捕捉し、罰則を設ける、といったことだ。

こうして天下りが根絶やしにされていけば、「天下り先である資産を売りたくない」

なんて泣き言も聞こえなくなってくるだろう。

もとより、今の財政は安泰といえる状況だが、いざというときには、その政府資産がまっさきに処分される対象となる。

なぜ、そんなにうるさく「利払い」「償還」を気にするのか？

利払いや償還があるから、国債発行は問題とする見方もある。

国債は借金である以上、当然、借り手である政府は利子を払わなくてはならない。10年債なら10年、30年債なら30年というように（もっと短い国債もある）、期限がきたら、借金の元本も耳を揃えて返さなくてはならない。これらの費用が大変だから、国債をあまり出さないほうがいい、というわけだ。

ただ、じつはこれも大した問題ではないのだ。

まず「利払い」から説明しよう。

1章で、国債の「基本のキ」として、**日銀は国債の利子収入を国庫納付金として政府に納めている**と説明した。これが政府にとっては**「税外収入」**となる。

さらに**政府の資産は前項で見たように、金融資産が多くを占めているからその利子収入も政府に入る。**

じつは**この二つの利子収入で、国債の利払いはまかなえてしまう**のだ。

では償還費、つまり借金の元本の返済はどうか。

その財源はどうするかというと、民間金融機関に新たに国債を買ってもらえばいい。**発行済の国債の償還のために、新たに国債を発行する**ということだ。これを**「借換債」**というが、**前に説明した「建設国債」「赤字国債」同様、政府内での便宜上の呼び分けだ。お金に色はついていない。金融市場ではやはり「国債」は「国債」である。**

借金を返すために、別のところから借金をする。これを「自転車操業」というのはお門違いだ。

企業だって、ずっとお金を借りて経営を続ける。期日が来たら、自社のメインバンクで借り換えをして資金を借りて返済に充てるなど、普通に行なわれているのだ。もし、「もうこれ以上、お金を貸せません」といわれたら大変だが、借り換えができている限りは問題ない。

政府の借金も企業の借金も、この点で同じである。そのうえ、**国債は民間金融機関としても「買い続けたい金融商品」だから、余計に問題ないといえる**。なぜなら、すでに説明したように、民間金融機関はお金をお金のままではもっておきたくないからだ。

国債の利子収入はわずかだが、かといって、買うのが民間企業の株や社債ばかりでは心もとない。**破綻リスクという意味では、民間企業より国のほうが、はるかに信用できる。**企業はいつ倒産するかわからないのに対して、国は大抵のことでは倒れない。**民間金融機関は、ハイリスクハイリターンの株や社債より、ローリスクローリターンの国債を、つねに保有しておきたい**ものなのである。

そして、何より国債は金融市場の「コメ」だ。これも前に説明したとおり、「お金」のような役割をする国債があるから、ほかの金融取引もできる。国債がなくては、金融市場でやっていけないのだ。

だから**民間金融機関は、いつだって国債を買いたい。借金を返されるだけでは、じ**

つは彼らは困ってしまうのである。

個人レベルで考えれば「借金を重ねるのは悪いこと」となるが、国レベルでは、借金を返すために借金をするのは当然だし、何も悪いことはないのだ。

民間金融機関は、国債の償還を受けたら、そのお金でまた新しく国債を買う。

政府は、償還すると同時に新発国債を買ってもらえるのだから、借金の返済で首が回らない、という事態には陥らない。

このように、国債の償還と新規国債の発行は、政府と数多《あまた》の民間金融機関の間で、つねにグルグルと巡っている。

ちなみに、国債入札できる民間金融機関は、銀行から信用金庫、保険会社、証券会社まで２４０社あまりにのぼる。国債はつねに引く手数多の状態で、２４０あまりの民間金融機関が、よってたかって「売ってくれ」と入札していると考えていい。

たとえば「永久債」ならどうか、と考えてみよう

政府はつねに、借金を返すために、別のところから借金をしている。それが何も問題ないということは前項で説明したが、まだ納得できない、借金のための借金はよくない、という心配性の人もいるかもしれない。そういう人は、たとえば「永久国債」ならどうか、と考えてみればいい。結論からいえば、これで償還は心配ないという説明がついてしまうのだ。

じつは、前に登場したノーベル経済学賞のジョセフ・スティグリッツ氏も、同じことをいっている。

経済財政諮問会議にスティグリッツ氏が提出した資料のなかには、**「永久債と長期債で、債務を再構築すればいい」**という記述もあった（前述のとおり内閣府の和訳はおぼつかないので、ちゃんと英文原資料を当たった）。

永久国債も長期国債も、読んで字のごとく、「永久に続く国債」と「期間が長い国債」のことだ。噛み砕いていえば、政府の借金を永久債と長期債にすれば、償還費の心配はない、といっているのである。

たとえば償還が100年先に訪れる国債なら、少なくとも3世代くらいは償還費の心配はない。さらに**永久国債ともなれば、永久に心配ない**というわけだ。

ここで「元本が戻ってこない国債に、お金を出すところなんてあるのか」という疑問が浮かぶかもしれないが、はっきりいって素人丸出しの考えである。こういう話で「元本が戻ってくるかどうか」が気になって仕方ない人には、投資はおすすめしない。

投資で重要なのは、どちらかというと元本より利子である。

仮に100万円を投資したなら、その利子がいつ、どれくらい入ってくるかというキャッシュフローで考えれば、元本が戻ってくるかどうかなど、二次的な問題に過ぎない。

単純な算数の問題だ。

利率5％の永久国債を100万円で買ったとしよう。100万円の5％は5万円だから、20年で利払い100万円を受け取ることになる。つまり20年で、最初に出した100万円の元が取れる（厳密には、現在価値で見ると違うが、細かいことは気にしない）。あとは毎年5万円ずつプラスになっていくだけだ。

これが投資の考え方である。**償還がいつなのかというのは、じつは大した問題ではないのだ。**

これが民間企業の社債だったら、倒産のリスクも考えなくてはいけない。リスクがあるぶん、国債より利率は高いはずだが、元がとれないうちに倒産してしまったらマイナスになる。だから社債の場合は、永久も超長期も成り立ちにくい。

だが、国債は政府の借金だ。永久国債を買っても、国が潰《つぶ》れない限り、永遠に利子を受け取り続けることができる。償還がなくても、元が取れる時点を過ぎれば、何もしなくても利益が積み重なっていく。

というわけで、改めて**「元本が戻ってこない国債にお金を出すところなんてあるのか？」という疑問に答えるならば、もちろん「ある」。**それも、償還期間が長い分、**短期や10年の国債より金利が高いのだから「喜んで買うところがある」**のである。

こう考えれば、先のスティグリッツ氏の主張（永久債と長期債で、債務を再構築すればいい）も、すんなり理解できるだろう。

さらに、「政府が借金返済のために新たな借金をしても問題ない」という前項の説明も、よりはっきりとわかるはずだ。

なぜなら、**国債を償還するたびに新発債で借り換えるのは、永久債を発行しているのと、じつはあまり変わらない**からだ（違うのは、永久債はずっと同じ金利が続くが、新発国債は買うごとに金利が変わるという点だ）。

そして前に説明したとおり、国債の利払いは、政府資産の利子収入と、日銀の国庫納付金（日銀が国債で得た利子収入）で事足りる。

やはり利払いも償還も、財政的には何も問題ないという結論しか出ないのだ。

最後に、ずーっと借換債を発行して借り換え続けることを、自転車操業なのでまずいという人のために、とっておきの方法も紹介しよう。

「日銀引受け」である。借換債の一部を日銀に買ってもらうのだ。

これは、財政法によって原則的に禁じられている。仮に政府が日銀に莫大な額の日銀引受けをさせた場合、世の中にお金が出回りすぎる、つまりインフレになりすぎる危険があるからだ。

そのため多くの識者が禁じ手としているのだが、私が大蔵省にいたころにも行なわれていたし、今も行なわれている。原則は原則であり、必要なら行なってもいいものなのだ。

訳知り顔で「それだけはいけない」なんて話している識者は、すでに日銀引受けが行なわれている事実すら知らないのだろう。

民間金融機関がつねに国債を欲しがっており、金融市場に一定量の国債を流す必要があるため、政府の新年度の新規国債発行計画のうち日銀引受け分として毎年計上されている。財務省の発行計画では、政府の外が市場なので、そこには日銀も含まれている。

しかも、財政法に基づく予算総則では、日銀引受け分は、「日銀の保有国債残高を増やさない程度」と定められているため、日銀引受けは過度なインフレを招かないように適正範囲に抑えられている。

つまり、新規国債発行分については、日銀引受け分がその範囲内になっているため、それ以上日銀が引き受けたくても無理なのだ。

識者が心配するような、「日銀引受けのやりすぎ」は起こらない。


この話は、新規発行国債分についてだが、既発国債を日銀が買いすぎると心配する向きもある。

しかし、インフレ目標があるので、新規発行国債も既発国債も日銀が買いすぎる心配は無用である。要するに政府は、民間金融機関から新たにお金を借りるか、日銀からお金を借りるかで、国債の償還に充てればいいのである。

しかも、日銀保有分の国債は、スティグリッツ氏のいうように国債発行残高と「相殺」されるので、この部分はまったく財政問題を生じさせないのだ。

「有事の円買い」が起こるのも、日本財政が安泰だから

2017年4月中旬、朝鮮半島の緊張が懸念されるなか、為替は円高になった。為替にも需要と供給のメカニズムが働く。円の供給量に対し、円を欲しがる人がより多くなれば、円高になる。それが有事の懸念が高まったときに起こったことは、何を意味するのか。

かつては**「有事のドル買い」が当たり前だったのに、今では「有事の円買い」が常識となっている**ようなのだ。なぜそうなったのかを解説する前に、今までに世界的ショックが起こり、円高になった例を見ておこう。

①リーマン・ショックなどの世界的な金融危機（2008年9月）
②ギリシャ危機に端を発する欧州債務危機（2010年）

③ 東日本大震災（2011年3月）
④ イギリスの国民投票によるEU離脱決定（2016年6月）
⑤ 朝鮮半島に対する緊張（2017年4月）

このうち、①～③は、本質的には同じ要因だ。

為替の変動は「需要と供給」とともに、「貨幣量の比率」も影響する。

たとえばドルの量より円の量が多ければ、ドルの希少性が高まりドル高となるのだ。

国際的な金融危機には、各国こぞって金融緩和策を打ち出すが、リーマン・ショックのときも欧州危機のときも、日銀は無為無策だった。金融緩和をすると、世の中に出回るお金が多くなる。各国の経済がそのように動くなかで、日本だけが金融緩和策をとらなかった。

そのため、ドルやユーロに比べて相対的に希少性が高まり、円高になったのである。

③は、①、②とやや異なるが、やはり金融政策に関連するという意味で、根っこは同じといえる。

東日本大震災のような国内危機が起こると、大々的な復興予算が組まれるものだ。

これを国際金融市場も予想する。国内で金融緩和が行なわれなければ、国内金利が高くなることが予想され、日本に資金が集中、結果として円高となる。

ちなみに、阪神淡路大震災の後にも、同様の現象が起こった。

このように、①②③は、すべて国内の金融政策の失敗（というより無為無策）が導いた円高といえる。

一方、④には、根本的に異なる背景がある。先に明かしてしまうと、日本円が「安全資産」と見なされて、危機のときにみんなが欲しがったから、円高になったのだ。

そして⑤が円高になったのも同様のメカニズムだと私は見ている。

しかし、日本の財政破綻リスクをずっと主張してきたマスコミは、こうした解説ができない。

もしそう言ってしまったら、「日本には財政問題がない」と認めることになるからだ。今まで、財務省の思惑通りに「日本の財政状況は悪い」「消費増税をしたほうがいい」と主張してきたことを、みずから覆すことになってしまうというわけだ。

財務省の言うなりになっているマスコミは、こういうときにボロが出る。まず常識的に考えて、もし日本に財政破綻のリスクがあるのなら、有事になるかもしれない、という切迫状況で円に投資するわけがない。

つまり、**このたびの円高も、「日本に財政問題はない」ことを物語っている**のである。

4章

知っているようで知らない「国債」と「税」の話

―― 結局、何をどうすれば経済は上向くのか

経済を「道徳」で考えると、大きく見誤る

私は大学で教鞭をとっているが、学生にマクロ経済を教えるときには、一見、不道徳に見える経済政策を理解させなくてはいけないことがある。

そういうときに使うのが、2章でも説明した「合成の誤謬」（p49）という経済学の考え方だ。個人レベルでは正しいことでも、みんながやったら困る、という考え方である。経済を国全体、社会全体でとらえるマクロ経済学では、この考え方を理解しないと話にならない。

個人の真面目さ、道徳心につけこむのは、財務省のもっとも得意とするところなのだ。実際、現職の政治家のなかでも、すでに財務省の論法にからめとられていると見える人が、多数いる。

増税ロジックに乗せられないためにも、国債というものを通じ、金融政策、財政政策のリテラシーをもっと高めておくに越したことはないだろう。つねにミクロではなく、マクロで考えるクセをつければ、どういう政策なら経済が上向くのかも、自分の頭でわかるようになる。

マクロ経済学では、とかく個人レベルの道徳心は邪魔になる。そう断言していいだろう。

そのためか、ポール・クルーグマンやクリストファー・シムズなど海外のマクロ経済学者は、たびたび**「経済政策は無責任にやるものだ」**といったいいかたをする。

つまり**個人レベルの道徳心など、経済政策に持ち込むな**ということだ。言葉尻だけとらえれば「無責任では困る」となりそうだが、根っこでは前に述べた「合成の誤謬」を考慮しているのだ。

そう思えば、真意がわかるだろう。経済を道徳で考えるくらいなら、無責任になったほうがいい。彼らはそういう皮肉をいっているわけだ。

個人レベルの道徳で考える人には無責任に見えても、本当はガチンコで真面目に経

済政策を考えるのが、マクロ経済学なのだ。

国債にしても、「借金は悪」という道徳心に従えば、なるべく発行しないほうがいいことになる。しかし、国債の発行を少なくすることは、政府が使えるお金が少なくなるということだ。

経済は、「需要と供給」で成り立っている。

世の中の需要すべてを「総需要」と呼び、これがより大きくなるほど、物価が上がる。デフレ不況のなかでは、これが景気回復の糸口となる。総需要には、「政府需要」も含まれる。モノやサービスを消費する国民も需要者だが、公共事業などにお金を払う政府もまた、大きな需要者なのだ。

ここまでくれば、もうわかるだろう。

国債の発行を少なくすることは、政府が使えるお金が少なくなるということ、それはつまり政府需要が圧縮されることを意味し、公共事業が減る。公共事業には、雇用を生み出す効果がある。つまり、**国債の発行を控え政府需要が減ることは、失業率アップにつながる**のだ。

では、道徳では悪とされる国債を「無責任」に発行すると、どうなるか。

今、話したこととちょうど反対のことが起こる。つまり、財政経由で国民に直接ばらまかれて需要を生む。公共事業が増え失業率ダウンにつながる。

道徳心から「借金は悪」とし、「国債発行は無責任な政策だ」と主張する人は、この違いをどう見るのだろうか。

私には、国債発行を減らして政府需要を減らすより、国債を発行して雇用を生み出すほうが、よほど責任ある政策であり、道徳的だと思えるが、どうだろう。

とくに、今のような超低金利の世の中では、日銀の金融政策の効果は、限定的にならざるをえない。

日銀は、民間金融機関から国債を買い、その利子収入（通貨発行益）が丸々、国庫納付金として政府に納められる。もし金利が高ければ、それだけ利子収入が増え、国庫納付金が増える。

これが政府需要の押し上げ効果となって、財政経由で国民にばらまかれ、物価上昇につながる。だが、今のような低金利では、それもままならない。だから、**国が国債を増発し、政府需要を高めるという財政政策と、日銀が民間金融機関から国債を買う**

という金融政策の「合わせ技」が必要なのだ。

政府はせっせと国債を発行し、日銀はせっせと民間金融機関から国債を買えばいいのである。

公共事業には、いわゆる「ハコモノ行政」をはじめ、無駄遣いをしているという批判がつねにある。ただ一方で、今も説明したように、雇用創出というメリットがあることも事実だ。**財政政策では、この両方を秤にかけて、より社会貢献度が高い選択肢をとっていくべき**なのである。

政府がお金を使うということは、国内にお金を巡らせること

個人でいえば、飲み食いのために借金をするのはよくない。

ただ、経済全体でいえば、飲み食いそのものは悪いことではない。誰かがお金を使えば、それだけお金が世の中を巡り、経済が動くからだ。まさに「合成の誤謬」で、**マクロで考えれば倹約がすべてではない**、となる。

国における倹約は、歳出カットだ。それは政府需要の縮小につながるから、私はつねに歳出カットには慎重な立場である。

倹約するか、借金をするか、どちらがいいかは、そのときどきの経済の状況による。一概に歳出カットがいいわけでもないし、国債を出すのがいいわけでもない。

たとえば、好景気に沸いているときには、少し経済を冷やすために歳出カットをす

るというのはありうる。世の中でお金がだぶつき、インフレが加速しそうなときに歳出カットをすれば、政府需要が下がり、お金のだぶつきを押さえられる。

その結果、インフレの加速を防ぐことができる。これは緊縮財政の常道だ。

逆に、経済に元気がないときに歳出カットをすれば、経済はますます冷え込んでしまう。ここ数十年来続いているデフレ不況など、まさにそうだ。歳出カットはしない、しかし予算をすべてまかなえるだけの税収がない。ここで、ただでさえ不況で大変な国民の負担増となる増税など、もってのほかだ。

したがって、とりうる政策は国債発行となる。

国の借金は、広く世の中にお金を回すための借金だ。お金を貸せる機関や人から借りて、公共投資などの財政支出で広く国民にばらまく。歳出カットが緊縮財政である一方、国債発行は財政緩和策の常道なのだ。

このように並べてみれば、どちらがいいかは、そのときどきの経済状況で異なることもわかるだろう。

一概に「国債はダメ」「借金はけしからん」という人は、要するに、政府が借金をしたあと、そのお金をどのように使うかにまで考えが及んでいないのだろう。

世の中には「公共事業をすべてなくせ」などと、極端なことをいう人もいる。

一方、私は国債発行や公共事業に肯定的なせいか、「髙橋は政府の無駄遣いを許している、甘い」などといわれることも多い。

しかし私は、別に甘いわけではない。ただ国債を発行した場合の**「費用便益」**を考えているだけだ。つまり、**国債を発行し、財政支出をした際に、どれくらいの便益が社会にもたらされるのかを見ている**のである。

支出の効果を考えなくては、支出の良し悪しは判断できない。社会に対する便益に鑑《かんが》みれば、国債発行および財政支出が最良策という場合は、山ほどある。

「ハコモノ行政」といわれようと、**財政緩和が必要なとき（つまり世の中にもっとお金が回ったほうがいいとき）には、迷いなく国債を発行すればいい**のである。

今の国債発行額では、足りないくらい？

国債を発行するほど、政府が使うお金が増え、世の中に出回るお金が増え、結果的に物価が上がる。

これはデフレ不況のときには、景気回復を叶える財政緩和策となるが、インフレが進みすぎると、それはそれでよくない。したがって**国債の適切な発行額は、インフレになりすぎない程度、**ということになる。

こうして、**「ほどほどの量の国債」が金融市場で出回るように保つことが理想**だ。

では現在の国債発行額はどうか。多すぎるのか、それとも少なすぎるのだろうか。

「日本政府は借金が多すぎる」と目くじらを立てる人が多いようだが、結論からいえば、**もっと国債を発行してもいい**くらいなのである。

前に、現在の国債発行残高はＧＤＰの２００％くらいといった。しかし、そのうち半分ほどを日銀が保有しており、金融市場に出ているのは、ＧＤＰの50～60％程度だ。

これでは、じつは足りないくらいなのだ。

すでに説明したように、**「統合政府バランスシート」で考えれば、日本の財政再建はとっくに済んでいる**。だから、もっと金融市場に国債を提供するために、財務省が国債を発行すればいい。

しかし財務省は、いまだに「財政再建が先」といって譲らず、日本政府は国債増発に腰が重い。依然として金融市場では、国債が「品薄」状態が続いている。

そこで２０２０年3月23日、日銀は「異例」ともいえる手を、3年ぶりに繰り出した。「国債売り現先オペ」という手法で、約８０００億円もの国債を、市場に供給したのだ。

これは、ひとことでいえば、日銀がもっている国債を、「期間限定」で金融市場に放出するオペレーションだ。一定期間後に買い戻す条件で、日銀が国債を売るのである。

それまで日銀は民間金融機関から国債を買うという、金融緩和策（量的緩和）を続けてきた。だが3月の決算期を前に、金融市場で国債需給が過度に引き締まるのを抑制することを目的として、この異例の一手を出したのである。

先に説明したように、国債は金融市場の「コメ」だ。一定量の国債がなくては、銀行も証券会社も、まともな金融取引が行なえなくなる。

銀行は、個々人から預金を集めて、それを貸し出すことで利ざやを稼ぐ。しかし、預金のすべてを貸し出しに回すことはできない。

あなたも銀行口座をもっているはずだが、もし銀行が預金のすべてを貸し出しに回してしまったら、引き出したいときに引き出せなくなってしまう。だから銀行は預金の引き出しに備えて、いつでも換金できる資産をもっておく必要がある。

一般的な金融機関であれば、預金に対する貸し出しの比率は6~7割で、その他は、いつでも換金できる「流動資産」だ。その一つは現金である。

ただし、お金をお金のままもっていても利子は生まれない。そこで、少しでも収益性を高めるために、国債をもつことが多いのだ。そのうえ、国債は金融取引にも欠かせないから、銀行はつねに大量の国債をもっておきたい。

証券会社も、国債がなくては商売ができない。「株と国債」「社債と国債」という具合に、金融市場では、国債が取引の媒介、いってみれば「お金」のような役割を果たすと前に説明したことを思い出してほしい。

そこで日銀がとった異例オペが「3月」だったというタイミングにも、意味がある。決算を前に、余計な現金をもっておくより、国債に替えたほうがいいという「決算対策」のために、国債の「品不足」が起こったのだ。

これを放置するのはまずいというわけで、日銀は異例の一手をとったのだ。

ただし、本来であれば日銀は、民間金融機関から国債をどんどん買って、世の中にもっとお金が出回るようにしなければならない。

今回の異例オペは、苦肉の策としては適切だったといえるが、国債を供給するのは、本来、日銀の役割ではない。

では誰の役割かといえば、先に答えはいってある。

政府である。

つまり、政府が国債をもっと発行すべきだったところ、それをしなかったから、日銀が動かざるをえなかった。

いってしまえば、**政府が国債発行をサボったツケが日銀に回ってきたというのが、ことの顛末**なのである。

災害復興こそ、「超・長期国債」の出番だった

国債を毛嫌いすると、「財源が必要なら増税すべし」というロジックに簡単にはまってしまう。

東日本大震災後の2014年の消費増税などは、その典型といえる。

「東日本大震災の復興の財源が必要だ。ついては国民全体で痛みを分け合うべく、増税を断行せざるをえない」

こんなロジックに、国会も国民も、まんまと乗せられてしまった。あのころは、さかんに「絆」といわれていた。東北の人たちを助けたい、そのための増税なのだから、甘んじて受け入れるべき、という空気が日本中を覆っていた。

しかしこれは、個人の道徳や良心につけこむという、財務省お得意の手段といわざるをえない。

なぜなら、**本当に災害復興を目指すなら、国債を発行するのが、もっとも効果的だ**からだ。**災害時に増税するほどバカな話はない**のである。

災害で特定地域が大打撃を受けているときに、増税をしたらどうなるか。人々の財布のヒモは堅くなり、消費が冷え込む。本来ならば、災害が起こっていない地域の経済力で、被災地を支えなくてはいけないのに、その経済力を奪ってしまうのが増税なのだ。

いってみれば、**人助けに向かう人に足をひっかけて転ばせるようなこと**なのである。

災害が起これば、当然、政府の税収は下がる。だからといって、災害時に増税をするなんて政策は、古今東西、聞いたことがない。

災害時に税制をいじるなら、むしろ経済を活性化させるために減税するのが普通だ。

もう一度いうが、**災害復興の財源確保のためには、国債がもっとも適切だ。それも、１００年債や５００年債といった超・長期国債がいい。**

というと、また「借金を後世に押し付けるのか」という批判が上がりそうだが、ちょっと待ってほしい。じつのところ、**災害が起こった世代だけで復興財源を出そうとする**

ほうが、不公平なのである。

経済を大きく揺るがすほどの大災害が起こるのは、100年に一度、500年に一度のことだ。そこで今から100年、500年をかけて、世代間で復興財源を出し合うというのが、100年債、500年債の考え方だ。100年に一度、500年に一度、必要なお金なら、100年、500年をかけて返していけばいいのである。

これは私だけが勝手にいっているのではなく、**「課税の平準化理論」**という基本的な経済理論に基づいている。**「痛みを分け合え」というのなら、こちらのほうが、よほど公平な分かち合い**といえないだろうか。

国債には将来世代への「投資」という側面もある

国債というと、どうも借金＝悪いものというイメージが拭いがたいようだが、元をただせば、国債とは国を回していくのに必要な資金を集めるためのものだ。

ここで「税収だけで国を回せ」というのは無理筋だ。

現在の税収だけでは足りないことは明らかで、増税に直結する。**税金は万人に等しく課せられる。しかし、国債は「欲しい人」が買う。税金を払わないと違法になるが、国債は買いたくないなら買わなくてもいい。**現に、誰も国債購入を強要されたことなどないだろう。国にお金を貸したい人が貸す。それで国が回っていくのだ。それの何がいけないのかと聞いてみたいものである。

国債は、その特質上、未来投資にも向いている。

たとえば私が前々からいっているのが「教育（投資）国債」だ。

一般的に、教育水準が高いほうが、所得は高くなる傾向が強い。所得が高くなれば、当然、納める税金が多くなり、国への貢献度が増す。そういう人材を育てるために、教育を目的とした国債を設ければいいという提案だ。ひとことでいえば、**教育国債は「出世払い」で、投資効果が出る将来世代に働いて返してもらう、という考え方**だ。

といっても、市場では「赤字国債」と「建設国債」が区別されていないように、国債発行時に「これは教育国債です」などと銘打たれるわけではない。お金に色はついていない。買う側は、単に国債の「利率」と「償還期間」で判断するだけだ。

ただ、「教育国債」を設けることで、国債を売って集めたお金は、以前より多くが教育部門に割かれることになる。1章で見た予算内訳でいえば、「文教及び科学振興費」などに多く費用が回る。「教育の無償化」も、教育国債でまかなえばいいというのが、私の考えだ。

国が行なう投資というと、どうしても、ハコモノなどの公共投資に偏りがちだ。それはそれで雇用創出になるから、いい面もある。ただ**有形資産である「物」ばかりで**

はなく、無形資産である「人の教育」にも投資したらどうかという話だ。

他国の例に目を転じてみれば、フランスの「サルコジ国債」が有名である。

2009年、サルコジ大統領は元老院（上院）、国民議会（下院）の両院合同議会において、大規模な特別国債の発行を発表した。そこでサルコジ大統領は、未来への投資のための国債発行の重要性を強調した。

これは、私がいっている教育国債の考え方そのままである。

一方には税を財源とすればいい、という考え方もあるだろう。

しかし、**教育への投資は、イコール将来への投資であり、社会的に大きなリターンが期待できる**。このように長期的な便益が見込めるものには、国債のほうが理にかなっている。

先ほども「出世払い」といったように、**長い目で見て投資し、長い目で見て回収していけばいい**のだ。しかも、**教育を受けて所得が高くなった人ほど余分に所得税を払うので、社会への恩返しという意味で理にかなっている**。

財務官僚は「無形資産はうまく計れない」などと小言をいうだろうが、後でも見るように、**教育の投資効果は、じつは有形資産を凌駕するほど大きい。有形資産と無形資産を差別するなというのは、まったく異論の余地のない正論**なのである。

ただし、今の財政法では、有形資産に対してしか国債発行を認めていない。したがって教育国債を実現するには、財政法の改正が必要だ。これは、つねに自分都合で物事を動かしたい財務官僚が一番、嫌うところなのだが、必要とあらば、政治はそこにも切り込んでいかねばならない。

教育国債は「将来へのツケ回し」ではない

国債は「国の借金」には違いないが、それは同時に「投資」でもある。

大事なのは、国債を売って集めたお金を、どう使うかだ。

今の社会のため、未来の利益のためを考えて使うのが、国の責任である。だからこそ、まさに未来投資といえる教育国債は、われながらいい提案だと思っていた。

そもそも教育の無償化は、民主党政権時代から政策に掲げられてきたが、財源確保については詰められないままだった。

私は党を問わずに、教育国債がいいと進言してきた。これを受けて、自民党では、大学など高等教育の無償化の財源として、教育国債を発行することを検討し、首相直属の「教育再生実行本部」にプロジェクトチームを設置する流れとなった（2020年に廃止）。

２０１７年に私が予算委員会の中央公聴会に呼ばれたときにも改めて提言し、評判もよかったのである。

ところが、国会で教育国債が話題に上ったときに、当時の麻生財務大臣が「赤字国債と何が違うのか。次世代への先送りになる」として否定的な姿勢を示したことで、大きく話がずれてしまった。

この麻生大臣の意見は、「教育に投資しても、借金を将来に先送りするだけだ」ということだ。要するに**「教育には投資効果がない」**といっているも同然ではないか。

教育関係者は怒っていいと思うが、どうだろうか。

いっておくが、**教育には投資効果がないというのは誤り**である。**「知識に投資することは、つねに最大の利益をもたらす」とは、ベンジャミン・フランクリンの名言だが、データ的にも、教育の投資効果は証明されている。**

教育国債は、もちろん借金である。だが、何度もいうように高等教育を施せば、そこで得た知識やスキルによって、将来の所得増、失業減が見込まれる。その結果、**社会全体でかけた費用に対する便益が2・4倍になるとの試算がある**のだ。

これは、現在の公共事業採択基準を、軽く上回る。

逆にいえば、「教育には投資効果がない」といってしまっては、すべての公共投資も、効果がないことになってしまうのである。

さらに国際比較でも考えてみよう。

図7は、先進国における高等教育投資の便益とコスト（B／C）を私的・公的に算出したものだ。OECD（経済協力開発機構）が公表しているデータの男女別統計を単純に合算して、数値計算した。

「私的B／C」とは、高等教育を受けると所得が高くなるなど、個人が得るメリットである。一方、「公的B／C」とは、高くなった所得から得られる税収増など、国が得るメリットだ。

ここで図7を見ると日本だけが、飛び抜けて私的より公的なB／Cが大きくなっている。

これほど公的なB／Cが大きいのだから、なおのこと日本は公的資金をどんどん教育に投入すべきなのだ。

図7　先進国における高等教育投資の私的・公的B/C（2012）

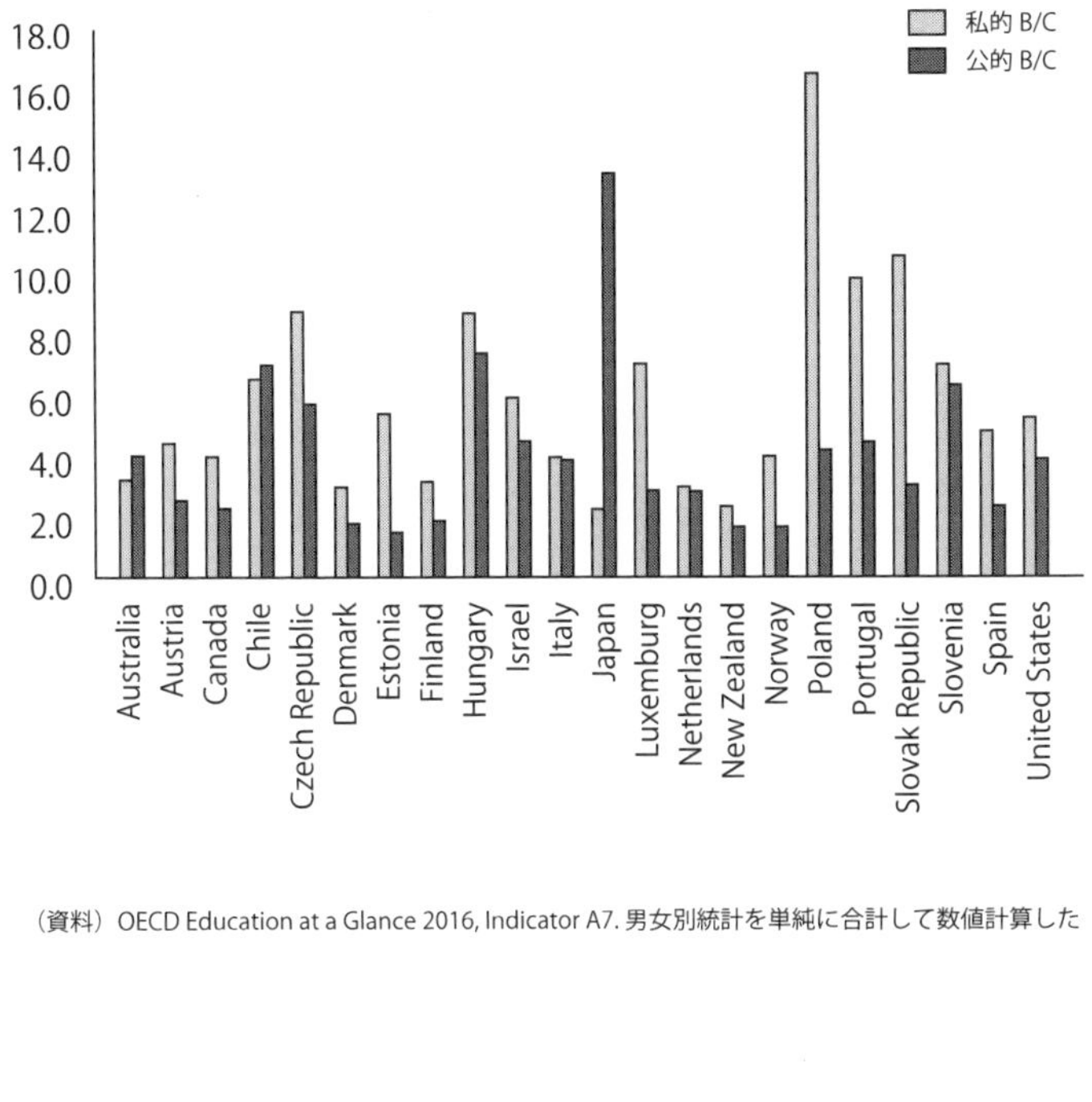

（資料）OECD Education at a Glance 2016, Indicator A7. 男女別統計を単純に合計して数値計算した

すなわち、国債を発行して得た資金を、教育に使えばいいのである。

ちなみに、なぜ日本だけが公的なＢ／Ｃが飛び抜けて大きいかといえば、単純である。**他の先進国に比べて、日本は高等教育における公的負担が圧倒的に少ないからだ。国を挙げた高等教育の推進で、日本は大きく後れをとっている**ともいえる。

じつは**「基礎研究と教育の財源は国債」と、財務省ではいい伝えられてきた**。財政法では認められていないが、財務省内では長くこのような考え方が受け継がれてきたのだ。

財務省のコンメンタール（法律に解説を施したもの）である『予算と財政法』にも、こうある。

「技術の進歩等を通じて後世代がその利益を享受でき、その意味で無形の資産と観念しうるものについては、後世代に相応の負担を求めるという観点から公債対象経費とすることについて妥当性があるものと考える」

これを教育に当てはめれば、次のような考え方が成り立つ。

基礎研究や教育は、実際に成果が出るまでに時間がかかる。

このように**長期的、なおかつ大規模で広範囲に行なう必要のある投資は、役所が主導すべき**だ。

ではその財源はどうするか。

将来に大きく花開き、見返りがあると考えれば、教育への財源は税金ではなく国債が適切だ、というわけである。つまり、教育費は、財務省のコンメンタールにもある「無形資産」形成のためと見なせるから、国債でまかなうのがふさわしい。

「教育国債は将来のツケになる」といった当時の麻生財務大臣の答弁は間違っているのだ。

さらに昔の人もいいことをいった。

元首相、大蔵大臣で、リフレ政策の元祖である高橋是清もかつて、

「我邦の如き日清日露の事件に因りまして、所謂不生産的な公債を償還いたしました

事情に照しまして、成るべく速やかに比の不生産公債を償還致しまするこどが必要であります（…）生産的公債でありますれば、其の事業経営に依りまして自然に元利を償却することとなりますので、此種の公債の増加は国の信用に関係することが極めて少ないと考えます」

と1913年5月の演説で述べている。

生産的な目的で発行される国債であれば将来的に自然と返済されていくから、発行額が増えても国の信用は傷つかない（財政負担にならない）というわけで、教育国債の考え方にも相通じるものがある。

国債発行で教育費をまかなう。すると、将来世代では教育効果が出て、所得増、失業減となり、納税額がおのずと増える。

その納税によって、国債による先行投資分を返してもらうと考えればいいのだ。

結局、財務省は「負債が大きいから増税」といいたいだけ

前章で見たように、「統合政府バランスシート」で考えれば、「日本の財政は火の車」というのは嘘だとわかる。誰が見ても明らかなことなのに、あまり知られていないのは、財務省が「知られたくない」と思っているからに他ならない。

財務省は、国民の目が「資産」に向くことを恐れているのだ。だから、天下り先への出資金、貸付金は政府の巨額な資産の一部にもかかわらず、国債の残高ばかりを強調する。ましてや日銀のバランスシートを統合した「統合政府バランスシート」で考えるなど、彼らにとっては、もってのほかだ。

財政問題がないということが、一目でわかってしまうからだ。

財務省は、要するに「政府の負債が大きいから増税が必要」といいたいだけなのである。これが、見解や考え方の相違などではなく、彼らが天下り先を確保するために、

ひたすら自分たちの権限を保ち、さらに増したいがゆえであることは、前に説明したとおりだ。

政府の負債を大きくしたい（見せたい）がために、財務省は通常の感覚からすると、ちょっと信じられないことまでしている。

政府の予算には、いろいろな勘定科目がある。どんなことにお金を使うかを、分けておく。これは当たり前である。「国債費」もその一つだ。国債を発行したことで、政府が払わなくてはいけない費用を計上してある。これも当たり前のことだ。

ところが、その国債費の内訳を見ると、おかしなことがわかる。図8を見てほしい。これは財務省ホームページに載っている政府歳出の概要だ。

なかには「国債費」とあり、内訳として「債務償還費」が計上されているのが見て取れるだろう。p21で見たものと同じだが、じつはこれがおかしいのである。

債務償還費とは、国債を償還するための基金を作って、そこにプールしておきますよ、ということだ。すべての借金には返済義務があるから、一見、もっともらしく思えるかもしれない。

図8

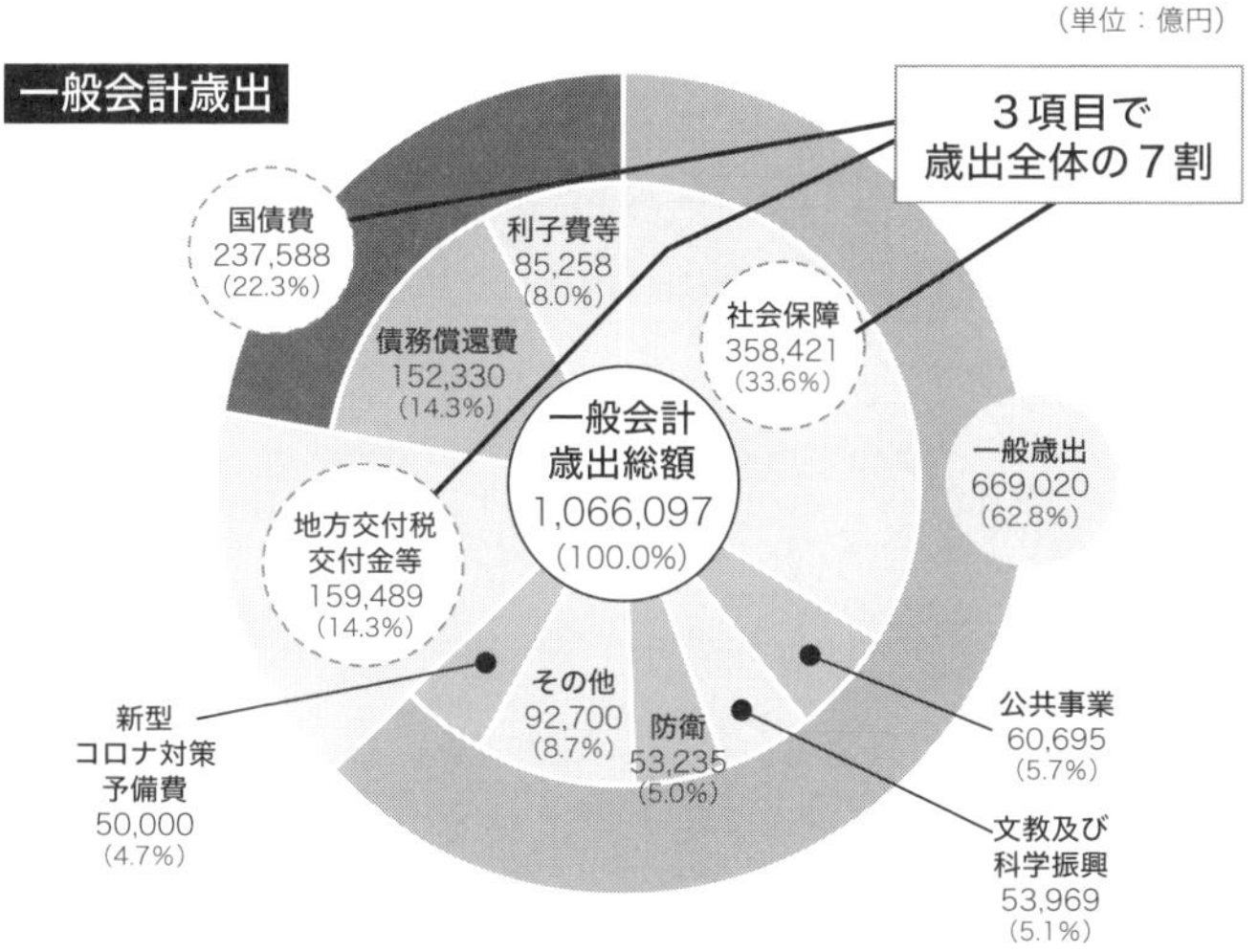
(単位：億円)
一般会計歳出
3項目で
歳出全体の7割
国債費
237,588
(22.3%)
利子費等
85,258
(8.0%)
債務償還費
152,330
(14.3%)
社会保障
358,421
(33.6%)
一般会計
歳出総額
1,066,097
(100.0%)
一般歳出
669,020
(62.8%)
地方交付税
交付金等
159,489
(14.3%)
その他
92,700
(8.7%)
防衛
53,235
(5.0%)
公共事業
60,695
(5.7%)
新型
コロナ対策
予備費
50,000
(4.7%)
文教及び
科学振興
53,969
(5.1%)

だが、ここで今まで話してきたことを思い出してほしい。すべての借金には返済義務がある。国債も同じだが、国債は金融取引には欠かせない。だから、民間金融機関にとって、国債はつねにたくさんもっておきたい債券であり、国債の償還と同時に、また新たに国債を買うと説明した。

だから、償還はあまり気にする必要がない、という話だっただろう。要するに、「国債を償還するお金をプールしておくための予算」など、そもそも計上する必要がないのである。

ちなみに、国債を償還するための基金とは、「減債基金」という。私は在省時代に、この管理を担当していたこともある。

減債基金に毎年繰り入れるのは、国債残高の1・6％と決められている。なぜ1・6％かというと、60分の1、つまり、60年で償還するという「60年ルール」があるからだ。

こうして、「減債基金」、「60年償還ルール」というと、その権威にひれ伏す人はその存在を疑わない。

しかし、先進国では「減債基金」は今や存在していない。「減債基金」が存在しないので、もちろん「60年償還ルール」もない。そして、「減債基金」がなくても先進国ではまったく困っていない。日本だけが例外としてあるのだが、その理由は国債償還のためでなく、次に述べるように、予算のカサ増しのために他ならない。

国債費の内訳には、「利払い費等」もある。国債を発行することで必ず生じる利子の支払いが計上されているのだ。これは必要な勘定科目といえるが、ずいぶん余計に積んである。おそらく、国債発行額の1〜1・5%で計算してある。しかし実際には、0・1%程度で事足りるくらいなのである。

これも前に説明したように、日銀からの国庫納付金（日銀に入る国債の利子収入を国に納めるもの）と政府資産の利子収入で、大部分がまかなえてしまうからだ。

このように、財務省は予算を積み増して、「ほら、今年もこんなにお金が必要で、政府は借金まみれになるんですよ」といっている。

しかし実際には、「債務償還費」と「利払い費等」を合わせた23・6兆円のうち、およそ10兆円は、計上する必要すらないのだ。

「半年先の借金を今する」というナンセンス

財務省が「歳出」をカサ増しすることには、もう一つ理由がある。

「補正予算」という言葉は聞いたことがあるだろう。いったん予算が成立した後に起こった事象に応じて、予算の内容を修正したものだ。

この補正予算まで見越して、財源を確保するために、財務省は最初に成立する本予算の時点で「歳出」を多く見積もる。それが、「国債費」の「利払い費等」や「債務償還費」に化けているのだ。

補正予算まで見越して、本予算の歳出が多く見積もられれば、本予算成立時の国債発行額も多くなる。要するに、「先々に必要になるかもしれないお金」を、先に確保しておくということだ。

これほどバカな話はない。

民間の企業でも、ずっと先の資金を今から調達するなんてことはしない。借金をした時点から利払いが発生するのだから、必要になったそのときに借金をするのが、もっとも無駄がない。

国債だって同じだ。補正予算が成立したときに国債を増発しはじめればいいのに、前もって余計に国債を発行することで、余計な利払いが生じているのである。

もっとも私は、国債発行には肯定的だ。

今のように金融市場で国債が「品薄」になり、それが経済の不活性につながっているような状況では、政府はもっと積極的に国債を発行すればいいと思う。

国債発行には、財政経由で世の中に出回るお金を増やし、経済を活性化する効果がある。

銀行や証券会社にも、つねにふんだんに必要だ。

しかし、**必要もないタイミングで国債を発行するというのは、また別の話**である。年の後半に使うかもしれないお金を、年の最初に借りても、政府に余計な利払いをさせるだけだ。

これは、国益にはまったくかなわない。

つまり、減債基金のための借換債発行には否定的だが、教育国債のような投資のためになら、国債をもっと出していいという立場である。

5章

「国債」がわかれば、「投資」もわかる

―― 銀行に預けるくらいなら国債を買え

国債は金融商品の「プレーンバニラ」

世の中では、投資で儲ける入門書が花盛りらしい。

しかし私から見ると、眉唾なものが多いのも事実だ。私は滅多に投資入門的なことはいわないが、本書でちょっとやってみようかと思い立った。

今までの章で、国債を通じて経済や経済政策に関するリテラシーが高まっただろう。ついでに、国債を通じて投資のリテラシーも高めてみるといい。

ところで、生活費だけで目一杯という人は、そもそも投資に回すお金がないのだから、リテラシーが低くても害はない。

問題はリテラシーが低いのに、なまじ投資に回せるお金がある人だ。**証券会社のカモにされやすい**から、今のうちに少しでも資産や投資に関するリテラシーを高めておいたほうがいい。

まず手始めに、**国債は金融商品の「プレーンバニラ」**といわれている。

要するに基本のバニラ味アイスクリームのようなもの、という意味だ。

これにいろいろなフレーバーをつけるように要素を足していくと、株や社債といった金融商品が理解できる。

プレーンバニラに足されるフレーバーの代表は、金利だ。金利は債券の発行体の信用度によって、つねに市場で判断されている。

金利の裏側には、発行体のリスクの度合いがあると考えればいい。それもそのはずで、潰れるリスクがある発行体に、低金利でお金を貸したいという人はいない。

リスクを背負う分、高い利子を得なくては、貸す側は満足できない。

たとえば、国債の発行体は政府だから、安心、安全な債券だ。これが会社の債券となると、国よりは倒産するリスクが高くなる。つまり信用度が国より低いから、金利は、当然、国債より高くなる。

これを**「リスクプレミアム」**という。

低金利下では、国債が最強の金融商品

もし**投資に回せる資金があるのなら、この低金利の環境では、「個人向け国債」が最強の商品**といえる。

投資は、リスクとリターンのバランスで判断する。国債より、もちろん株や社債のほうがリターンは高い。しかし、そのぶんハイリスクだ。「会社勤めをしながらちょっと投資もしてみたい」というような投資の素人は、まず手を出さないほうがいい。

では、「投資のプロ」にお金を預ける投資信託はどうか。

はっきりいって論外である。

「投資のプロ」といっても、神様ではない。どれほど賢い人でも、市場の細かい動きを100%予見することなどできない。いってしまえば、**投資信託とは、「投資のプロ」**

の山カンに手数料を払うシステムだ。投資信託で「これだけ利益が出た」といっても、毎月、けっこうな手数料をとられていることを考えれば、それほど喜べる話ではない。

投資信託なんかを運用する人たちは、そのうちＡＩ（人工知能）にとって代わられるだろうと私は思っている。


自分で株や社債を買うのも、投資信託にお金を預けるのも、やめたほうがいい。となると残る選択肢は、銀行預金か国債か、である。今は、銀行口座に入れておいても、スズメの涙ほどの利子しか入ってこない。普通、銀行預金の利率より国債の利率のほうが高いということは起こりにくいのだが、そんなレアケースが日本では、しばしば起こっている。**実際のリターンは、銀行預金より国債のほうが、わずかながら大きい。**

リスクという点で考えても、銀行より国のほうがはるかに安全だ。銀行が潰れる可能性はあるが、日本政府が潰れる可能性は、今のところ、きわめて低い。万が一、日本政府が潰れるようなことになれば、銀行はもっとまずいことになる。

どのみち、銀行預金に入れておくくらいなら、より安全で、ちょっとでも利益率の高い国債を買ったほうがいいという結論になるのだ。

本来は、あらゆる金融商品のなかで、もっともリスクの低い国債の金利が、もっとも低いのが自然だ。

しかし、国債の金利は、じつは「最低でも0・05％」と決められている。このミニマム設定があるために、今の低金利下では、よりリスクの低い国債の金利のほうが、よりリスクの高い銀行の金利より高いという、いわば「リスクプレミアムの逆転現象」が起こっているのだ。

差はわずかだが、銀行口座と国債とで比べれば、よりリスクが低く、よりリターンが多いのは国債なのである。ためしに、付き合いのある銀行の預金口座の金利と国債の金利を見比べてみるといい。

国債を買うとは、どういうことか

高齢者だと「国債をもっている」という話はよく聞くが、それより下の世代になると、国債を買ったことがある人の割合はガクンと下がるらしい。

私からすれば、低い金利の定期預金があるのに、より高い金利の国債は買っていないなんて驚きだが、たしかに誰も国債購入をすすめてくれないなかでは、仕方ないのかもしれない。

そもそも情報がなくては、選択肢に入りようもない。

いっておくが、今、銀行などの定期預金に入っているのなら、途中で解約するのは損になる場合もある。本書を読んで国債を買ってみようと思ったのなら、定期預金の満期がきたときにすべて解約し、国債に回すといい。これは妥当な投資判断といえる。

そうはいっても、初めてでは何をどうしていいのか、わからないだろう。
ここで、国債を買うとはどういうことなのか、手続きや仕組みについて、ざっと説明しておこう。

どこで買う？

都市銀行から地方銀行、信用金庫、証券会社まで、民間金融機関であれば、基本的にどこでも買える。販売手数料はかからないから、たとえば「1万円の国債が欲しい」といえば、きっちり1万円を払うだけでいい。それ以降、年に2回、利子が支払われる。前に説明したように、国債に入札できる金融機関は240あまりもある。その240の金融機関は、つねに国債をもっているわけだから、そのうちどこからも買えるということだ。

初めて買うのなら、銀行や信用金庫で買うことをおすすめする。証券会社は、すぐに国債以外の商品へと誘導しにかかってくると予想されるが、銀行や信用金庫なら、一部では例外もあるが、強烈な勧誘はしないだろう。ただ、銀行や信用金庫で買う場合は、国債用の口座を開く必要がある。金融機関によっては、口座手数料がかかる場合もあるから、よく調べることだ。

おまけに銀行は（証券会社もそうだが）、個人の国債購入を仲介しても得にならないから、不親切に対応される可能性もある。そこを突破できれば、あとは簡単だ。ついでにネットバンキングも一緒に申し込めば、いっそう手軽に国債を買えるようになる。

あるいは、鋼の意志で「国債しか買いません。投資信託なんていりません」といいつづけられる自信があるのなら、証券会社で国債を買うのも手だ。口座開設など最初の手続き自体は、銀行より素早いようである。

途中で換金できる？

「償還」「満期」というと、その期間中は絶対に換金できないイメージをもつかもしれないが、そんなことはない。

「個人向け国債」には、政府が額面金額（つまり買ったときに払った金額と同じ金額）

で買い取ってくれる制度が設けられている。発行後1年が経てば、いつでも換金できる。ただし、国債の換金には、一つ注意がある。「中途換金調整額」として、直前の2回分（つまり1年分）の税引前利子相当額に0・8程度をかけた額が、元本から引かれるのだ。要するに「ペナルティ」がついてしまうのである。だから、買って1年後に換金すると、調整額の分だけ損をしてしまう。

また2年目以降も、当然のことだが、長く持っておくほど、多くの利払いを受け取ることになって、得が増えていく。元本は、換金したとたんに「ただのお金（現金）」になるが、換金しないうちは、「お金（利子）を生むお金」でありつづける。

どうしても現金が必要になった場合は仕方ないが、国債を「投資」として考えれば、できるだけ満期までもっておきたい。

利子はどこでどう受け取る？

国債の利子は政府から支払われるが、手続きは銀行が代行している。今は電子化されているから、国債用の口座に振り込まれるだけだ。

ちなみに昔は、「国債証書」が紙で発行されていた。ネットで画像検索をすれば、戦時中に発行されていた国債など、いくらでも現物の写真が出てくる。国債証書は、表彰状くらいの大きさの紙に、利率と額面価格が書かれており、その下には「利札」が何枚も印刷されている。利払いの日には、この利札を1枚だけ切り取って銀行に持って行き、利子と交換していたのだ。

たとえば10年債なら、10年経つと利札はすべてなくなり、利率と額面価格が記された紙面だけが残る。これを最後に銀行に持っていくと、元本が償還されるというわけだ。ただ、「国債証書」には持ち主の名前が記載されていなかった。

今は電子化されているから心配ないが、昔は、国債証書を盗まれることは、現金を盗まれるのと同じだった。換金される前に泥棒を捕まえない限り、泣き寝入りするしかなかったのである。

今は「変動型10年満期」がいい

個人が買える国債には、いくつか種類がある。

大きく分けて「個人向け国債」と「新型窓口販売方式国債（新窓販国債）」があり、さらに、それぞれが金利のつき方や償還期間で分かれている。

●個人向け国債

「固定金利型３年満期」

「固定金利型５年満期」

「変動金利型10年満期」

●新型窓口販売方式国債（新窓販国債）

「2年固定利付国債」
「5年固定利付国債」
「10年固定利付国債」

それぞれの違いは、後の表（図9）で確認してほしい。

いろいろあって迷いそうだが、今の低金利という金利環境では、「変動金利型10年満期」が一番いいと覚えておけばいい。この商品設計にアドバイスをしたのは、じつは私である。

便宜上、「10年満期」となっているが、満期が来る前に売却、換金することができるから、この期間には、あまり意味はない。

重要なのは、「変動金利」という部分だ。「固定型」だと、買ったときの金利が償還時までずっと続くが、「変動型」では、半年ごとに金利が変わる。金利が変わるのは、経済状況が刻一刻と変化しているからだ。景気がよくなれば金利は上がり、景気が悪くなれば金利は下がる。

（令和３年８月現在）

新型窓口販売方式（注2）		
国債10	国債5	国債2
10年	5年	2年
毎月		
最低５万円から５万円単位 ／ 一申込みあたりの上限は３億円		
入札結果に応じて、発行毎に財務省で決定		
制限なし （法人やマンションの管理組合なども購入可能）		
固定金利		
発行毎に市場実勢に基づき財務省で決定		
なし		
市場でいつでも売却が可能です。ただし、その時々の市場価格となるため、売却損、売却益が発生します（元本割れのリスクあり）。		
額面金額100円につき100円		
平成19年10月		

図9

個人向け国債と新窓販国債の商品性の比較

	個人向け国債（注1）		
	変動10	固定5	固定3
満期	10年	5年	3年
発行頻度	毎月		
購入単位／購入限度額	最低1万円から1万円単位 ／ 上限なし		
販売価格	額面金額100円につき100円		
購入対象者	個人に限定		
金利タイプ	変動金利（注3）	固定金利	
金利設定方法（基準金利）	**基準金利** ×0.66（直近の10年債平均落札利回り）	**基準金利** −0.05%（5年債の想定利回り）	**基準金利** −0.03%（3年債の想定利回り）
金利の下限	0.05%		
中途換金	発行後1年経過すればいつでも国の買取による中途換金が可能です（元本割れのリスクなし）。 ※ 中途換金時に、直前2回分の各利子（税引前）相当額×0.79685が差し引かれます。 ※ 発行後1年間は、原則として中途換金ができません。		
償還金額	額面金額100円につき100円（中途換金時も同じ）		
導入時期（初回発行年月）	平成15年3月	平成18年1月	平成22年7月

（注1） 平成24年1月から平成25年6月までに発行する個人向け国債は、復興債として発行しました。
（注2） 通常発行される国債（直近の入札により発行した国債と同じもの）を金融機関の窓口で販売するもの。従来、郵便局のみが行っていたが、平成19年10月より、参加を希望する全ての金融機関に拡大したため、「新型」と称されています。
（注3） 半年毎に適用する利率が変わります。

そういう非常に細かい変動がずっと起こっているのだ。

ただ、そう頻繁に国債の金利を変えると、利払いの際の計算が大変だ。だから、「変動金利型10年満期」の国債は、半年ごとに金利が変わるように設計した。

これは、半年満期の短期国債を10年間にわたり、20回、乗り換えていく（ロールオーバーしていく）のと、じつは変わらない。ただ「10年間は滅多なことでは売却しませんよ」という形になっているだけだ。

といっても、実際には、すでに説明したように、満期を迎える前にも換金できるから、10年間まったく手をつけられないわけではない。

なぜ「変動型10年満期」がおすすめかというと、買った後に起こりうる金利上昇に備えることができるからだ。

「固定型」では、国債購入後に金利が上がっても、買ったときの金利がずっと続く。「額面金額1万円、利率0・1パーセントの5年債」なら、たとえ5年の間に金利が0・2パーセントに上がっても、額面に対して0・1パーセントの利子を受け取り続けることになる。

これが「変動型」であれば、半年ごとに利率が見直される。金利が上がれば、受け取る利子も増えるということだ。

もちろん、これとは逆パターンもありうる。購入後に金利が下がってしまったら、「変動型」より「固定型」のほうが、相対的に高い利子を受け取ることができる。ただ、今のような低金利では、これ以上、金利が下がることは考えにくい。

どちらかというと今後、金利は上がる可能性のほうが高いということで、今は「変動型10年満期」が一番いいといえるのだ。

「個人向け国債」なら「元本割れ」のリスクはない

「個人向け国債」は、元本割れしないようになっている。

先ほど説明したように、発行1年以降は、政府が額面価格で買い取ってくれるからだ。中途換金時の調整額にさえ気をつければ、元本割れはしない。

元本割れする危険があるのは、政府買取りによる換金ではなく、市場に売る場合だ。たとえば買ったあとに何らかの理由で金利が上昇した場合、国債の市場価格が下がり、売却損が生じる（元本割れする）可能性がある。

個人が買える国債で売却損が出る可能性があるのは、「新窓販国債」だ。これは、国の買取りによる途中換金制度がないから、国債を現金に換えたいときには、市場に売ることになる。

ちなみに、「新窓販国債」には「1年経過」ルールがないから、買った後いつでも売却できる。

3章でも説明したが、なぜ金利が上がると、国債価格が下がるのかについてもう一度触れておく。

「固定型」では、買ったときの金利が満期まで続く。買った後に金利が上がると、市場では、みな、より高い金利の国債を欲しがる。すると、金利が低かったころの国債には買い手がつきにくくなる。この「需要と供給の関係」で、金利が低い国債の市場価格が下がるのだ。金利が動かない分、価格のほうが動かなくては市場が満足できないというわけだ。

単純にいえば、額面100円が98円に下がれば、1万円で買った国債が9800円に下がる、といったことが起こるのである。

国債は、利払いも元本も国が保証しているから、国が潰れない限り、満期まで待てば、元本はまるまる戻ってくる。しかし「新窓販国債」を満期前に売却すると、売却時の金利状況、および市場価格によっては、元本割れもありうるということだ。

もちろん、逆パターンで売却益を得る（元本以上になる）ことも、可能性としてはある。

ただ、ここで「そもそも論」になってしまうのだが、元本割れは大騒ぎするようなことでもない。たとえ売却損が出ても、その売ったお金で金利が上がった国債を買えば、損した分もすぐに取り返せるからだ。

とはいえ、金利の変動や市場価格を気にして売るタイミングを考えたり、出てしまった売却損をどうやって回収するかを考えたりするのは、投資を生業としているような人たちがやることだ。

プロの投資家にとっては、ここが一番投資の面白いところであり、腕の見せどころなのだ。

その点、「個人向け国債」の「変動型10年満期」は、素人の感覚に合った金融商品といえる。投資で食っている人たちにはつまらない商品だが、素人には優しい仕組みになっているのだ。半年ごとに勝手に金利が変わってくれる。途中で換金したいと思ったら、中途換金調整額は取られるものの、基本的に、買ったときに払った金額と同じ金額が戻ってくる。要するに、わかりやすいのである。

外国債を買っても意味がない

国債を買うというと、なかには、アメリカ国債など外国債に関心が向く人もいるかもしれない。

しかし結論からいえば、外国債はおすすめしない。

外国債を買うときには、当然、外貨建てで買うことになるが、為替はつねに移り変わる。つまり、買うときの為替と、償還時（売却時）の為替は違っていて当然だ。

これが素人には厄介なのだ。

円を外貨に替えて外国債を買う。しばらくあとに、外貨で償還されたお金を円に替える。あるいは、償還前に外国債を売って得た外貨を円に替える。こんな煩雑な手続きをするなかで、どれくらいの得が生まれるのか、あるいは損をすることになるのかなんて、素人にはわからない。

おまけに、外貨と円を交換する際にも手数料がかかるし、債券をもっている間に金利も移り変わる。

為替と金利、この両面から、いつ買い、いつ売るべきかを素人が判断するのは、ほとんど不可能だと思ったほうがいいだろう。

もっといえば、日本国債も外国債も、収益率はだいたい同じになるはずだ。

国債の金利は、為替を介して連動している。ここでも市場の調整機能が働くから、どこかの国の国債だけが、最終的な収益率において圧倒的に有利ということは、基本的に起こりえない。

たとえば、利率がいいから、という理由でアメリカの10年債を買うとする。その場合、まず円からドルに替えて国債を買う。10年間、ドルで利子を受け取り続け、10年後にドルで償還される。利子と償還費は円に替える必要がある。

一方、日本の10年債を円で買う。10年間、円で利子を受け取り続け、10年後に円で償還される。

数式を立てれば明らかなのだが、この両者の最終的な収益率は、大して変わらないのである。むしろ、円からドル、ドルから円に替える際に手数料がかかることを考えれば、アメリカ国債を買ったほうが損ということもしばしばありうる。

もちろん、市場はつねに100％公明正大とはいかず、多少の歪《ひず》みが生じることもある。投資を生業としている人たちは、その歪みを狙って、利ざやや売却益を得ることも多いようだ。

あるいは、「この国には近々、投資が集中する」と山を張って、後進国の国債を買い、人気が出て国債価格が上がったところで売り抜ける、といったやり方もある。

しかし、これらのやり方は、ほとんどギャンブルだ。山師の仕事を、素人が真似しないほうがいい。

投資に興味をもちはじめると、とたんに「外国債で大きく儲ける」といった怪しげな儲け話がたくさん聞こえてくるかもしれない。そこで欲を出さず、あくまで自分が理解し、把握できる範囲の金融商品に留めたほうが賢明だ。

プレーンバニラである国債から離れた商品ほど、魅力的に見えるかもしれない。しかし、これは素人を騙せる余地も大きくなるので、金融機関にとって魅力的なのだ。

例えば、「国債」＋「外国」＋「保険」という商品もあるが、これなんか、理解できる個人はまずいないだろうし、理解していれば金融機関を儲けさせる商品であることがすぐわかってしまうだろう。

「投資のプロに任せれば安心」という大誤解

投資信託は「プロが選んでくれるから安心」というが、本当にそうだろうか。

そもそも「プロ」に任せたところで、金利は市場で決定される。

ざっと100個くらいの金融商品を同時に観察して瞬時に判断を下す、というような、ほとんど「全知全能」レベルの能力がなくては、市場を読みきることはできないのだ。

そんなことができる人間は、いないだろう。もし可能になるとしたら、AI（人工知能）だ。すでにAIの分析力を使った金融商品も出てきているから、ファンド・マネージャーの仕事がすべてAIに取って代わられる日も近いのかもしれない。

話を戻そう。

投資信託にお金を預けても、彼らに市場を読み切ることはできない。ファンド・マネージャーが「投資のプロ」だという認識自体が、間違っているのだ。それでけっこうな手数料をとられてしまう。バカバカしい話ではないか。

彼らに手数料を払うくらいなら、最初から低金利の国債1本と決めて自分で取引したほうが、よほどシンプルで無駄がない。最初から「プレーンバニラ」である国債しか買わないと決めておけば、「プロ」に任せる理由は消えてしまう。ハイリターンを狙ってハイリスクをとるというのなら「勝手にどうぞ」というしかないが、「リスクはとらない」と割り切るなら、もっともリスクの低い国債を買えばいいだけだ。

ちなみに、債券を発行しているのは、政府と企業だけではない。

じつは、地方自治体も、独自に債券を発行している。これも、地方自治体の財政状況から信用度が判断され、国債を基本にして金利が決定される。

普通は、民間企業よりは地方自治体、地方自治体よりは国のほうが、破綻リスクは低い。したがって金利は、基本的に、国債、地方自治体の公債、社債の順に高くなっている。

そのため、より利回りを高く見せるために、公債や社債をミックスした「公社債投資信託」というのもある。「これなら、国債だけ、公債だけを買うより高い利回りになりますよ」というわけだ。

だがそれも、私から見れば「だから何？　そのぶん、リスクが高いということでしょう」でおしまいだ。

金利の裏側には、リスクがある。少しくらい金利が高くても、そういう金融商品に飛びつくよりは、国債を買っておいたほうが賢明なのである。たしかに国債は金利が低いが、破綻リスクがないのだから、それで十分と見るべきなのだ。

こんなふうに国債をすすめると、「政府の回し者」などといわれそうだが、それをいうなら、手数料をふんだくる投資信託をすすめるようなファイナンシャル・プランナーこそ、証券会社の回し者だ。

私は、あくまでリターンとリスクの兼ね合いで、今は「個人向け国債」、それも「変動型10年満期」が最強といっているだけである。

銀行預金も「金融商品」という当たり前の認識が欠けている

もし銀行に定期口座はもっているのに、国債はもっていないとしたら、私にはちょっと信じがたいことだ。

多くの人が誤解しているように思えるのだが、銀行は、ただお金を貯めておく場所ではない。銀行口座を開くのも、一つの投資行動なのである。銀行口座にお金を「貯めている」のではなく、銀行から口座という金融商品を「買っている」のだ。この認識がないのだとしたら、銀行業を理解していないことになる。

タンス貯金と比べてみれば、すぐにわかるはずだ。自宅のタンスにお金を溜め込んでも、そのお金はお金を生まない。

一方、銀行にお金を預けると、今はほとんどゼロに近いが、一応は定期的に利子が入ってくるだろう。

それはなぜかといえば、銀行は、あなたから受け取ったお金で投資をしているからだ。彼らは、その利子収入で食っている。そしてあなたの銀行口座に振り込まれる利子は、彼らの金融商品を買ったことで生じた収益なのである。

お金を使うときには、必ず考えるものだろう。

食品を買うなら「この値段に見合うほどおいしいだろうか」、洋服を買うなら「この値段を払ってもいいほど自分に似合うか」などと吟味するはずだ。それなら、金融商品を買うときにも、考えてしかるべきではないか。

もし、すすめられるままに定期預金口座を開いたのだとしたら、何も考えないで買ったということだ。定期預金は銀行の金融商品だから、相手の支払い能力や破綻リスクなど、まったく考えずにお金を投じたことになる。

生活に必要な分を、銀行の普通口座に入れておくのはわかる。しかし、わざわざ貯蓄のために定期預金口座まで作っているのなら、そのお金すべてを使って国債を買ったほうがいい。

銀行か政府か、どちらに金を貸すほうが安全か？

国債も銀行の預金も「金融商品」であり、発行者から見れば「借金」ともいえる。貸し手である私たちとしては、銀行か政府か、どちらにお金を貸すほうが安全か、という話である。そのうえ、昨今の金利環境により、より安全な国債のほうが、より利子が高いという状況になっているのだ。

ただ、銀行からすれば、預金してくれる人が多いほど都合がいい。その預金で国債に投資すればいいのだから、楽チンだ。融資や株式、社債は慎重に判断しなくてはいけないが、安心・安全な国債は、大して頭を使わなくても、「買えばいい」という判断になる。銀行は、個人向け国債の仲介をするより、自分たちが国債をもっておきたい。

つまり個人が預金を引き上げ、国債を買い始めたら、ものすごく都合が悪いのだ。

だから、国債は、個人でも銀行を介して買えるのに、銀行は決して国債購入をすすめない。銀行のコマーシャルでも、まず「国債を買おう」なんてものは、見かけないだろう。**売りたくないものは宣伝しない、当たり前の話だ。**

「国債は暴落する」と警告しているエコノミストも多いが、彼らは、こうした思惑のある金融機関の息がかかっていると見ていい。そうやって個人を国債から遠ざけ、定期預金など、別の金融商品を売ろうとしているのだ。

ただ、国債が暴落するような状況になったら、銀行はもっとひどいことになるに決まっている。そうなれば、銀行が売りつけたがっている「別の金融商品」の金利も元本も危険にさらされる。

このように、ちょっとでもリテラシーがあれば、「国債が暴落する危険があるから、別の金融商品」というのは、かなりおかしなロジックであることに気づけるはずだ。

みんなが国債を買ったら、企業が困る？

今は、国債が最強の金融商品。となると、資金が国債に集中して、民間企業は株や社債が売れなくなって困ってしまうのだろうか。

まず、そういうことは起こらない。

みんなが国債を買おうとすれば、当然「需要と供給」の関係で、国債の市場価格は上がる。価格が上がるほど、利回りは下がる。たとえば、市場で「額面1万円、金利0・1％の5年債」を、1万円で買った場合と1万1000円で買った場合とを比べてみれば、後者のほうが低い利回りになる。

利回りの出し方は前にも説明したが、単純な算数だ。

こう言われても、パッとわからない人のために改めて説明しておこう。

「額面1万円、金利0・1％」の国債の利子は、1万円×0・1％で10円になる。これを1万円で買った場合は、1万円を払って10円の利子だから、利回りは0・1％だ。しかし1万1000円で買った場合は、利回りが変わる。利子は額面金額にかかるから、やはり10円だ。1万1000円を払って10円の利子だから、利回りは約0・09％に下がってしまうのだ。

低い利回りの金融商品を、誰も好んで買わない。したがって、いったんは人気が集まって利回りが下がった国債は、次第に人気が落ちていく。

一方、国債に人気が集中すると、逆に人気がなくなる株や社債は、やはり「需要と供給」の関係で価格が下がる。価格が下がると、利回りは高くなる。先ほどの国債の利回りが下がったのと、ちょうど逆のことが起こるわけだ。

そうなると、国債より株や社債を買おうという人がたくさん出てきても、不思議はないだろう。

このように市場全体で考えれば、国債に投資が集まりすぎることはなく、株や社債にも、ちょうどよく資金がばらけていく。金融資本市場には、こうした「価格調整機能」がある。公明正大で、じつによくできた世界なのだ。

1万円で「消費」するか、1万円で「投資」するか

まず1万円でも国債を買ってみたらどうだろう。少し外食を我慢すれば、準備できる金額のはずだ。

すでに説明したように、銀行や信用金庫で国債用の口座を開き、ネットバンキングの申し込みもすれば、あとはネット上で簡単に取引できる。はっきりいって、1万円で国債を買ったところで、大して利益は感じられないだろう。それでも実際に買ってみると、もっと実感として国債の仕組みがわかる。

リテラシーが高まるという意味では、有意義だ。

人は日々、消費をしている。外食をするのも、洋服を買うのも、すべて消費だ。それは社会の一員として経済を動かすということだから、まったく否定はしない。

ただ、今まで消費ばかりに使ってきたお金の一部分でも、投資に回してみたらどうか、という話である。

消費は、後に何も残さない。「おいしい」「楽しい」「うれしい」という気持ちが残るだけで、お金は消えてしまう。モノなら、あとで転売できるかもしれないが、基本的に買ったときの値段で売れることはないだろう。

一方、投資をすると、「資産」を得ることになる。投資したお金は、「お金を生むお金」となるということだ。

それが「個人向け国債」であれば、財政破綻して暴落しない限り、元本割れする可能性はない（財政破綻リスクはきわめて低いということは、すでに説明してきたとおりだ）。そのうえに、わずかながら利子が上乗せされていく。

仮に今、手元に1万円があったとして、それを消費に回すか、投資に回すか。

そう考えてみるといい。

著者紹介

髙橋洋一（たかはし・よういち）

1955年東京都生まれ。都立小石川高校（現・都立小石川中等教育学校）を経て、東京大学理学部数学科・経済学部経済学科卒業。博士（政策研究）。

1980年に大蔵省（現・財務省）入省。大蔵省理財局資金企画室長、プリンストン大学客員研究員、内閣府参事官（経済財政諮問会議特命室）、内閣参事官（首相官邸）等を歴任。

小泉内閣・第一次安倍内閣ではブレーンとして活躍し、「霞が関埋蔵金」の公表や「ふるさと納税」「ねんきん定期便」など数々の政策提案・実現をしてきた。

また、戦後の日本で経済の最重要問題ともいえる、バブル崩壊後の「不良債権処理」の陣頭指揮をとり、不良債権償却の「大魔王」のあだ名を頂戴した。

2008年退官。

その後内閣官房参与などもつとめ、現在、嘉悦大学ビジネス創造学部教授、株式会社政策工房代表取締役会長。ユーチューバーとしても活躍する。

第17回山本七平賞を受賞した『さらば財務省！ 官僚すべてを敵にした男の告白』（講談社）、『バカな経済論』『バカな外交論』『【図解】ピケティ入門』『【図解】地政学入門』『【図解】経済学入門』『【明解】会計学入門』『【図解】統計学超入門』『外交戦』『【明解】経済理論入門』『【明解】政治学入門』（以上、あさ出版）など、ベスト・ロングセラー多数。

99%の日本人《にほんじん》がわかっていない
新《しん》・国債《こくさい》の真実《しんじつ》　〈検印省略〉

2021年　9月　16日　第　1　刷発行

著　者――髙橋 洋一（たかはし・よういち）
発行者――佐藤 和夫

発行所――株式会社あさ出版
〒171-0022 東京都豊島区南池袋2-9-9 第一池袋ホワイトビル6F
電　話　03（3983）3225（販売）
　　　　03（3983）3227（編集）
F A X　03（3983）3226
U R L　http://www.asa21.com/
E-mail　info@asa21.com

印刷・製本　（株）ベルツ

note　http://note.com/asapublishing/
facebook　http://www.facebook.com/asapublishing
twitter　http://twitter.com/asapublishing

ISBN978-4-86667-316-5 C2034